새벽이 환하게 오고 있다

허갑순 시집

시와
사람

새벽이 환하게 오고 있다

2024년 8월 25일 인쇄
2024년 8월 30일 발행

지은이 허갑순

펴낸이 강경호 편집장 강나루 디자인 정찬애
펴낸곳 도서출판 시와사람
등록 1994년 6월 10일 제 05-01-0155호
주소 광주시 동구 양림로119번길 21-1(학동)
전화 (062)224-5319   E-mail jcapoet@hanmail.net

ISBN 978-89-5665-733-2 03810

값 12,000원

＊잘못된 책은 구입하신 서점에서 바꾸어 드립니다.
＊지은이와의 협의로 인지를 붙이지 않습니다.
＊이 책은 광주문화재단 예술육성지원사업에서 제작비를 지원받았습니다.

이 도서의 국립중앙도서관 출판예정도서목록(CIP)은
서지정보유통지원시스템 홈페이지(http://seoji.nl.go.kr)와
국가자료종합목록 구축시스템(http://kolis-net.nl.go.kr)에서
이용하실 수 있습니다.

공급처 ■ 한국출판협동조합
경기도 파주시 탄현면 오금로 30
주문전화 (02)716- 5616, 070- 7119- 1740

새벽이 환하게 오고 있다

ⓒ 허갑순, 2024

이 책의 저작권은 저자에게 있습니다.
저작권에 의해 보호를 받는 저작물이므로
출판사와 저자의 허락 없이 무단 전재와 복제를 금합니다.

■ 시인의 말

시여!
태양빛으로 물든 황금빛 우주여
디스토피아로 다시 불붙는 지구여
눈을 뜨고 부활을 꿈꾸는 도시여
희디흰 새벽으로 다시 역사를
그래, 그래, 그래,
오랜 친구여 나의 사랑이여

E 뭉크1863~1944, 노르웨이 앞에 서 있다
그날이 핏빛 '절규'가 되어 세상을 찌른다

2024년 가을에
허갑순

새벽이 환하게 오고 있다 / 차례

시인의 말 · 5

제1부 내가 너에게 장미꽃을 부친다

14   꽃처럼 이렇게 건너오셔요
16   진달래진달래꽃
18   내가 너에게 장미꽃을 부친다
20   다시 촛불로 태어나고
22   그대들이 눈앞에서 번쩍인다
24   그는 산발적으로 문자를 날린다
26   내가 너를 째려본다
28   광주인의 이야기
30   우리들의 습관
32   이상한 5·18들이
34   어떤 죽음
35   발톱, 다음은 누구겠는가
36   새벽이 환하게 오고 있다

제2부 어디로 갔을까

어디로 갔을까 40
태양의 문신 41
봄눈 42
새싹 43
배롱나무 44
산수유 46
살구나무 47
동백꽃들이 48
칡이시여! 50
스무 살 적에 51
거대한 무덤처럼 부풀어 올랐다 52
안개가 간다 54
커피를 입에 물고 56

제3부 아버지 허리에 무지하게 꽂힌 이른 봄

60 이윽고
61 뺄
62 불안
63 탯줄
64 금줄 은줄
65 나이테
66 호수
68 들판 같은
69 어느새 길이 되어
70 등에 업혀서
71 위대한 유산
72 아버지 허리에 무지하게 꽂힌 이른 봄
73 나팔을 불거야
74 안으로

제4부 그리워지기 시작하면 아프다

한강역　76
선유도　78
장성호에서　80
담양가 潭陽歌　82
그대의 춤이 대숲을 가르고　87
꿈에서도 면앙정에 간다　88
꽃이랑 대숲이랑　90
그리워지기 시작하면 아프다　93
송덕봉 생가　94
지금, 담양으로 오세요　96
메타 프로방스 담양　98
메타세콰이어 가로수 길　100
담양을 들이다　102

제5부 그 등을 오랫동안 쓰다듬었다

104 잠에 대하여
106 문,
108 이유 없이
109 쓸쓸하여라
110 오랜 친구여
112 연꽃
114 장미원에서
116 부비디바비디부!
118 그 등을 오랫동안 쓰다듬었다
120 돌꽃

작품론
121 실존적 체험과 삶과 사랑에 대한 사유 / 허형만

새벽이 환하게 오고 있다

제1부

내가 너에게 장미꽃을 부친다

꽃처럼 이렇게 건너오셔요

5월이에요
5·18 광주민주화의 길이 눈을 떴어요
아버지 이 길을 따라 건너오시길
종종걸음 어머니도 따라 오시길
저 죽음과 같은 겨울은 지금도
근 접 수 행을

5월이라구요
5·18 민주항쟁이 길을 열었어요
아버지 어머니 아직도 길을 더듬거리셔요
겨울이 먼저 알고 피해가도 겨울을 따라 다니셔요
마음을 절뚝거리며 따라나선 겨울 말고는
당신들을 부릴 데가 없으시나요

5월이다니까요
5·18 광주항쟁이 저기서 손을 흔들어요
아버지 어머니 구부러진 길 말고는 도통 아는 길이 없으시다니
아버지 어머니의 믿음은 광주전남 뿐이었잖아요
겨울이 한창일 때 붉디붉은 동백꽃이 무더기무더기
피었었잖아요

5월이 여기 버티고 있어요
5·18 광주민주화 운동이 다시 피어나고 있어요
우리가 한참이나 겨울을 더듬거리고 있을 때
청홍매화 복수초 산수유가 길을 만들었잖아요
흐드러진 꽃망울 속에 두려움에 떠는 우릴
꼭꼭 숨겨주었잖아요

5월이 왔어요
5·18은 유네스코 세계기록유산으로 우뚝 섰어요
아버지 어머니의 믿음은 겨울 말고 봄이였었어요
바닥에 낮게 깔린 민들레가 거기 있었다잖아요
흐드러진 개나리꽃 노오랗게 매달린 꿈들이
옴팡지게 벚꽃송이들을 들어올려요

5월은 5월이 아니에요
5월은 장미꽃을 가슴에 단 5·18월이에요
아버지 어머니! 꽃처럼 이렇게 건너오셔요
이미 꽃이 된 아줌마 아저씨들을 따라가셔요
봄이 된 아들 딸들을 꽃처럼 이렇게 건너오셔요
금남로 도청 앞 상무관 앞에서 기다리고 있을게요.

진달래진달래꽃

눈에 담자
가슴에 담자
발톱 손톱에도 담아 가자
새아씨처럼 수줍은 진달래꽃

전일 빌딩 숲에 꽂아 놓자
황사먼지 뿌연 하늘에도 꽂아놓자
디지털 인공위성에도 꽂아놓자
님 소식에 발그레한 진달래꽃

시큼한 겨울을 다 먹어버리고
아기 손바닥 같은 봄을 얼레고
흘리다 만 눈물 흘러가게 두고
한 뼘 사랑 타령에 몸 단 진달래꽃

도청 분수대 앞에서 피고 또 피고
44여 년동안 다시 피어나는 진달래꽃
너 보기가 역겨워* 또 다시 피어날
"이거 왜 이래"* 진달래진달래꽃

*김소월 시인의 시「진달래꽃」에서 "나보기가 역겨워"를 일부 차용함.
*전두환 씨가 광주법원 앞에서 기자들의 질문에 화를 내면서 내뱉는 말.

내가 너에게 장미꽃을 부친다

안개가 뿌옇게 가라앉은 날
장미원에 갔다
방금 전에
허공에서 곡예를 하던 장미꽃들이
다시 안개를 밟고 지나간다
정원사의 손끝에서 잘려나간
장미꽃들도 요란하게 안개들을
밀고 다닌다
사는 것은 한순간의 꿈이라고
그렇게 말한 입술에서
철지난 장미꽃들이 억지로
피어난다
그래서 너에게 나는
뜨거운 눈물을 쏟아낸다
사랑한다면서 너를 사랑한다면서
허기에 지친 거짓말들이 하얗게
피고 피고 피고
장미꽃들이 여기저기 거짓말들로
화들짝 피어난다
안개들이 장미꽃 한 가운데를

관통한다
그리고 우린 불통이 되었다
전쟁터가 되어버린 지구에서
내가 너에게 장미꽃을 부친다

다시 촛불로 태어나고

내 몸을 밟고
내 영혼을 짓밟고
내 삶을 앗아가고
내 생을 토막낸 그들에게
불꽃으로 다시 살아나고 싶어
불바다로 다시 태어나고 싶어
밤마다 살아나는 한반도여
사람들 가슴으로 파고드는
원통함이여

눈물이 바람처럼 흔들리고
슬픔이 섧게섧게 피어나고
저승꽃 바람꽃 만개할 때
효순이 미순이가* 거기 서 있구나
5·18영령들이 불쏘시개가 되었구나
그 작은 촛불 하나가 하나하나가
언제 어둠을 삭였는지
강물이 되고 바다가 되었는지
오늘따라 당신들이 그립다
〉

가자,
촛불이 슬픔을 말 할 때까지
촛불이 3·1독립운동을 말할 때까지
촛불이 광주학생운동을 말할 때까지
촛불이 대구 10·1 항쟁을 말할때까지
촛불이 제주4·3사건을 말할 때까지
촛불이 4·19의거를 말할 때까지
촛불이 일본 위안부의 만행을 말할 때까지
광주5·18민주화 운동이 다시 촛불로 태어나고.

*2002년 미군 차량 부주의로 사망한 여중생들

그대들이 눈앞에서 번쩍인다

어느날 갑자기 그대들이 사라진 후
길 모퉁이에 있는 빈집에는
뿌옇게 바랜 고무신이 댓돌 위에
놓여 있는 것 말고는 그가 안에 있다는
흔적을 찾을 수 없다
강산이 네 번 바뀌는 동안 지붕도 없고 대문도 없이
그렇게 견딘 세월이 텅 빈 거리 이곳저곳에서
깃발처럼 펄럭인다

그들이 사라진 후에
구 형무소 자리에서 유골이 발견되었다
1980년 5월의 기억들이 찔레꽃처럼 환하게
피어났지만 누구도 함부로 발설하지 못했다
봄여름가을겨울을 일찍 초상화로 그려놓고
그렇게 5·18은 44년 동안 이제나 저제나
용서해줄 날을 기다리고 있지만 그는
아직도 자기 기망에서 허덕이고 있다

5월의 아들 딸들아 보고싶구나
피어나서 하얗게 하얗게 꽃천지로 번쩍여라

그대들이 자유 민주 평화 통일가는 길이었다
그대들이 광주민주화운동의 기수였느니
아직도 인권이 유린되고 폭력이 넘쳐나는
거리거리에 아름다운 손편지를 부쳐주렴
세계 방방곡곡에 그대들의 소식을 전해주렴
그대들은 세계기록문화유산으로 거듭났느니

정치꾼들의 시녀가 되어서도 안 되고
사기꾼들의 들러리가 되어서도 안 되고
모사꾼들의 속임수가 되어서도 안 되고
위선자들의 말속임도 듣지 말고
비겁한 자들과 말을 섞지도 말고
편가르는 자와 동석하지 말고
거짓말하는 자와 함께하지 말고
용서를 빌지 못하는 파렴치한은 더더욱

날마다 꽃세상인데 그대들이 눈앞에서 번쩍인다.

그는 산발적으로 문자를 날린다

눈이 산발적으로 내린다 이제 그쳤다 다시 내린다 퇴근할 시간이다

좌선혼침에 허송세월어느새두어달이홀쩍어느스님은도통못하면밤에 통곡하면서 애통해하셨다는뎅전어여해재해서널러다니생각에정신이팔려있으니어쨌으까 어여무거운짐을홀홀털어버리고자유롭게널러다녀야하는딩 어느세월에가능헐런지쯧쯧ㅋ어디시골에정진방만들어서같이도피안가게요땅사고정진토굴만들때동참할거죠그리믿어요

5·18은 산발적으로 문자를 날렸다 전두환을 비롯한 계엄군들은 해독이 어려운 문장을 만들어서 날렸다 이 지구라는 행성에서 광주전남*을 선택한 이유는 무엇일까 도청앞, 분수대, 상무관, 전일빌딩, 남동성당, YWCA, 회화나무가 서 있던 그 자리에 계엄군, 공수부대, 헬리콥터 그리고 피흘리는 민주시민군들 주먹밥과 영혼을 흔드는 처절한 절규와 방송을 타고

코로나 19 바이러스가 산발적인 주검이 도처에 전통처럼 뻗쳐올라 오랑시 우한시 지구촌 흑사병 콜레라 쥐와

박쥐 그리고 티라노싸우루스 사라진 모든 것들 중간 숙주 인간이 인간을 그리 믿어요 새삼 산발적으로 코로나 19 바이러스에 대한 문자가 산발적으로 날려진다 마흔네 살짜리 5·18도 날려진다

  지구가 자위대를 만들어 산발적으로 죽음을 날린다 또박 또박 주검들이 문자를 날린다.

*1980년 광주는 전라남도 광주시였으므로 광주전남으로 호명하였다.

내가 너를 쨰려본다

 어슴프레 깨어나는 아침을 본다 광주송정역 아직 자라지 못한 미완성의 레오나드 다빈치가 걸려있다 희미한 화폭에 나는 최후의 만찬을 그려 넣고 우리가 맘대로 기댈 하나님을 호명한다 작은 실눈이 어둠 속에서 하나 떠오른다 길이라고 하기에는 너무 아름다운 희디흰 손이 코로나19의 무거운 커튼을 맘껏 열어젖힐 저 희디흰 손 우리 열차는 앞 열차와 하나로 연결되었습니다 익산역에서 내리실 분은 왼쪽문으로 내리시기 바랍니다 왼쪽으로 왼쪽으로 심장에서 좌심방좌심실 그사이 아침이 눈을 번쩍 떴다 저 위대한 태양이 코로나19에게 왕관을 씌어주는 대관식이 열리고 찰라 사람들이 쓰러져갔다 흐려진 하늘이 통곡하는 사람들이 방금 혀끝에서 증발한다 잠들지마라 마스크로 코와 입을 단단히 가리고 열차 안에서는 음식물을 먹어서는 안됩니다 마이크가 보글거린다 쿨럭쿨럭 죄인처럼 맘이 오그라진다 입을 틀어막는다 기침 한번 시원하게 못하는 세상 내가 너를 쨰려본다 아공, 에구머니 사라진 사람들의 심장을 씹는다 코로나19의 심장을 갈기갈기 씹어보고 싶다 바튼기침을 새어나가지 않도록 잘근잘근 잠을 씹어야지 잠을 설쳤으니 잠을 자야지 모자가 어디 갔나 바닥에 떨어진 모자를 주워든다 먼지를 턴다 코로나19를 털어낸다 탈탈탈 곁에 사람들이 올 수 없게 가랑이를 쩌억 벌리고 사타구니에 붉은곰팡이가 어째서 생겨났는지 코로나19는 어째서 뻘건 태양을 막무가내로 심장에다 쑤셔박는지 we will arive at osong station shorty 사회적 거리두기 옆자리에 남자가 앉았다 나는 행복한 여행자 옆자리에 사람앉히기 변덕스런 몸뚱이 백신 접종 변종 코와 입을 모두 가리고, 용산역

광주인의 이야기

로마인 이야기 8권을 읽다가
위기와 극복을 번갈아가며
역사의 톱니바퀴를 건져 올렸다
44년 전 광주에서도 광주인의 이야기가
들풀처럼 번져나갔고 광주에서는 민주화라는
꽃봉오리를 5월 18일 날 헌화하였다
아직도 못다핀 광주는 그 이전에도 그 이후에도
습관처럼 자유를 봉헌하였고 총칼로 무자비하게
난도질당한 어두운 역사의 페이지는 다시 생면부지의
꽃봉오리가 되려한다
역사는 다시 기억 속에서 역사를 만들고
자유는 그 이름만큼이나 오만의 역사 속에서
피를 부르고 혁명의 이야기를 기억하고 있다
광주인의 생명을 무자비하게 난도질하던 그날
끈끈한 주먹밥을 나누고 피묻은 광주인의 사랑을 나누면서
애써 끌어안았던 것은 생명을 담보로 한 민주주의였다
장맛비가 거칠게 지나간 뒤 5·18 민주화운동에서 곰삭은
장맛 같은 특유한 향내가 난다
기억 속에서 기억 속으로 광주인의 이야기도 그런 곰

삭은 피냄새가 난다
  팍스 로마나, 아우구스투스의 평화가 유효한 것은 자유의 길은 광주에서
  광주인의 이야기에서부터 시작되었기 때문이다
  한때 모든 길은 로마로 통한다는 속설도 로마의 시대가 끝나자 전설처럼
  무디어져 갔다
  어느새 광주인의 이야기가 가을 햇살처럼 투명해졌다
  그 해말간 가을 햇살은 44년 전 광주의 5·18민주화 운동을 아직도 부등켜안고
  오직 자유와 민주주의를 꿈꾸는 꽃봉오리들은 또 다시 거칠게 봉헌된 채로
  로마인 이야기 제 9권 현제(賢弟)의 세기를 꺼내들었다

우리들의 습관

기어이
5·18을 몰고 다닌다
태풍보다도 더 강하게
더 빛나게 5월을
자랑스럽게 끌고 간다
꽃수레처럼 아름답게
첫사랑처럼 황홀하게
어느 날 어지럽게 총구 앞에다
사람들을 눕혀놓고
총알은 망나니의 칼끝을
후려치고 지나갔다
곤하게 단꿈에 취해 있던 도시가
통째로 오열하고
두 눈을 부릅뜬 민주화는
소중한 자유를 지켜야 했다
그날 이후 우리들의 습관은
피 묻은 5월을 쓰다듬는 일이다
거칠어진 말씀들을 다독이는 일이다
오늘 도청 앞 분수대는 눈부시다
물보라가 그날의 줄기세포로 분화되고

자유의 함성은 광주사람들의 조직세포로
지금
우리들의 습관은 영혼한 자유다
주먹밥에 얽힌 끈끈한 사랑이다
가속도가 붙은 생생한 민주화운동이다
5·18을 당차게 몰고 가는 광주사람들의
습관은 새로 태어날 만능 세포다

이상한 5·18들이

나는 오늘 당신을 클릭한다
다소 생뚱한 모습이지만
화면에 나타난 당신은 송곳처럼 날카롭다
아직도 총알이 당신의 정수리에 박혀있고
온 몸에서 뿜어져 나오는 5·18은 벌거벗은 채
거리 곳곳에 널부러져 있다
티비 화면이 5월 망월묘역을 비틀거리며 걸어간다
5·18유족들이 울분을 터뜨리며 몸싸움을 한다
그날의 공수부대원들이 알아들을 수 없는 말들을
쏟아낸다 용용용죽겠지 서용서용서용서용서용서용서용
티비가 전씨의 손자를 앞세우고 용서를 연출한다
5월 18일이 썩은 시체냄새를 확 끌어모은다
시체들의 행진이 계속 시청률을 끌어올린다
기억속으로 쫓겨가는 이상한 5·18들이 코를 틀어막는다
오래된 냄새들이 아주 익숙한 죽음의 냄새들이 누군가들의
누군가들의 영혼 속으로 게걸스럽게 파고든다
정신차려
삶이 날마다 빛난다면 그것은 바로 당신이 살아있기 때문이다

2024년 8월 14일과 8월 15일에 비스듬히 걸쳐있는 나는 당신을 또다시 소환한다

44년 전 그 때도 우린 비스듬히 비스듬히 서로 엉켜있었을까

할 말을 다하지도 못한 채 죽음의 거리로 내몰리는 저 광주의

5월을 어디쯤에서 홀가분하게 놓아주어야 할까

우린 무엇을 기억해야 하며 역사는 무엇을 기록해야 할까

역사끼리 역사끼리 끼리끼리 승자의 제물로 자꾸 뒷걸음질 치는

이상한 5·18들이 생뚱맞게 거리를 활보한다

어떤 죽음

한 마리의 고양이의 집과
고양이가 지나다니는 길과
고양이의 눈을 보고 있었다
고양이에게 집이 있었다는
말을 듣지 못했다
사람들이 모두 떠나고
허허벌판에 쓰레기처럼 방치된
고양이들의 눈
어둠을 쏘아보다가 재빨리
자동차 바퀴 밑에 깔린다
세상이 조용히 붉어졌다

발톱, 다음은 누구겠는가

 눈동자에 꽃이 피었다 꽃잔디에 눈동자가 박혔다 꽃분홍 설렘 위에 고양이 한 마리 앉아 있다 눈동자가 보오옴 하고 하품을 한다 벌거벗은 역사 위로 살며시 떨어지는 고개 고개 너머로 휑하게 뚫린 재개발 3단지 아파트 시공을 넘나드는 낭이낭이 고양이 발톱을 세우다 눈 뜨고 야옹하는 역사는 하찮은 발톱 아래 무릎 꿇는다 제국주의 정신 나간 발톱이 막무가내로 돋아난다 푸틴 정은이의 무시무시한 핵 발톱도 고양이의 작은몸안에서 꽃잔디가 되었다 우크라이나도 꽃잔디처럼 붉다

 발톱을 깎아준다 자꾸 달아나려는 민주주의의 발톱도 깎아준다 깎아진 발톱을 젤렌스키로 문댄다 부드러워지는 고양이의 잠꼬대 화창한 봄을 하품할 때마다 달랑 달랑 목젖이 고요히 흔들린다 꽃잔디가 고양이의 무게만큼 짓눌렸다가 화들짝 일어선다 일그러졌던 제국주의 망상도 그래서 고양이는 쥐를 톰과 제리의 발랄한 우정이 텔레비전 자막 위에서 명쾌한 평화를 종전을 움직여봐 동그란 고양이의 몸처럼 말았다가 뒹굴려봐 굴러가다가 멈출 때 날카로운 발톱을 잽싸게 뽑아버려 최전선은 꽃잔디가 벙그러진 우리들이야

새벽이 환하게 오고 있다

그 무렵 지구가 무겁게 몸을 비틀어
산고를 치른다
잠들지 마라
하찮해서 더욱 귀한 풀들이여
들풀들이여
그대들의 품속으로 기어드는 작은 벌레들의
울음소리를 기억하라
미얀마의 자유에 얽힌 눈물을
눈이 벌겋게 충혈되어 우리를 쏘아보고 있는
코로나19의 하찮은 내력을
눈을 찌른다
부시다 온몸이 부시다
사랑스런 심장이 너덜너덜
자동차들은 아직도 헤드라이트를 켜고
붉은 골짜기를 지나간다
껌을 씹어야지 기침이 새어나가지 않도록
잘근잘근 문명의 이기를 씹어야지
핵핵핵 군사정권을 씹어야지
미세먼지를 뱉어야지
잠깐 잠든 사이에

사랑하는 사람들이 보이지 않는다
사랑하는 사람들의 이름들이 혀끝에서
증발한다
"오호호호 으흑"
통곡을 할 줄 모르는 열차가
통곡하는 사이 셀로판지처럼 얇은 새벽이

새벽이 온다
새벽이 환하게 오고 있다

제2부

어디로 갔을까

어디로 갔을까

그 많은 꽃들은
그 많은 새들은
그 사랑스럽던 시간들은

살아 팽팽하게 활개 치던 골목길
지워도 지워도 다시 되살아나던
천 개의 천 만 개의 슬픔들

어디쯤에서 나를 기다리고 있을
꽃등불 켜고 울 엄니 마중 나올
그리움은 미리내로 흘러가고

어디로 가야할까
고향이 너무 멀어
꺼억꺼억 목이 메는

어디로 갔을까
나는 호롱불을 켜고
두 눈을 감는다

태양의 문신

아침에 눈을 떴다
지난밤에 흔적이 지워졌다
적막강산이 내 앞에 떡 버티고 서서
누런 먼지를 뿜어올린다
몇 년째 전깃줄 위에서 너덜거리던 재개발 현수막
밤이면 듬성듬성 불빛이 새어나와 그나마 안도의 숨을
고르게 했던 3단지 주공아파트
두 달 전 마지막 건물이 폭삭 내려앉고 천둥이 치고
포클레인이 분주하게 분탕질을 쳤다
머리가 잘리고 허리가 두 동강난 건물들 위로
사람들은 맹렬하게 사격을 퍼부었다
덤프트럭이 날마다 시체들을 싣고 어디론가 사라졌다
서른 해를 마다하지 않고 봄이면 탐스럽게 피워올리던
벚꽃들과도 변변한 작별인사 한번 못했다
눈을 감고 나무들의 숨소리를 따라 간다
허허벌판에 누런 문신이 하나 쓸쓸하게 박혀있다
그 위에 커다란 적막이 누워 태양의 면적만큼이나
먼지투성이인 지친 몸을 부풀리고 있다
이제 뾰쪽한 탑들이 세워질 차례다
한차례 비바람이 불자 부스스 문신이 지워졌다

봄눈

봄눈이 터오는 길을 간다
봄눈이 트이면서 길눈은 한층
밝아졌다
섬진강을 끼고 겨우내내 잠들었던
길을 깨운다
청매화는 산허리를 감고
시누대는 강가를 휘돌아 흐른다
산수유는 허공에다 노란 총을
쏘아올리고 나는 그지없이
배가 부르다
봄눈이 눈을 뜬다
감미로운 음악이 흐른다

새싹

너를 만진다
바닥을 치고 올라오는 것들을 비로소
무릎을 꿇고 만난다
온통 세상이 내 발밑에서 요동친다
키를 낮추지 않으면 영영 만나지 못할 인연들을
너의 존재와 나의 삶 틈새에 끼인 위태로운 바람들이
뭉개고 지나간다
대지의 숨소리가 살며시 나의 얼굴을 스친다
검불더미 속에서 배시시 웃는 작은 미소가 예쁘다
무릎을 꿇은 채 너를 더듬어 본다
어디쯤 어떤 곳에서 출발했는지 손끝이 시리다
고통 없이 너를 만질 수만 있다면 눈이 아프다
종잡을 수 없는 너의 행선지 움직임이 없어도
우주의 비밀쯤이야 한가득 부려놓을 줄 아는
엎드려 너를 맞는 아침 불쑥 나타나서 내 어깨를
회전근개가 투두둑 끊어져 나간 것을 그때 알았다

그리고 다시 새싹이 돋아났다 무심코 그 앞을 지나간다

배롱나무

옷 빛깔이 너무 밝아서 웃고 싶어
얼굴이 붉어 사랑이 넘실거려
헤실헤실 풀어지는 웃음들이
물방울처럼 톡 톡 튀어
하얗기도 한 작디작은 꽃잎으로
고백하고 싶어 사랑하고 싶어
배롱나무는 백일마다 새로 태어나
태어나면 무조건 꽃잎들을 날려버릴 거야
하늘 끝까지 들어 올리고 말 거야
배롱나무는 간지러워
내가 너를 털어낼 때마다 온몸이 들썩거려
손톱 끝에 피멍이 들어
너는 오래 전부터 나를 간지럼 태우고
아무일도 없었던 것처럼 요지부동 스텝을 밟아
배롱나무는 착하디착해
하늘을 향해 두 팔을 벌리고 고개를 쳐든 채
너만 바라 볼 거야 사랑할 수 없어도
니가 내 곁에 있음으로 행복해 할 거야
그 작은 품안에다 슬프디 슬픈 하늘을 안아 줄 거야
나에게 말해봐 당신이 여기 있어서 행복하다고

천방지축 사방팔방으로 번져가는 너와 나를
꼭 붙들어 줄거야 하루 종일 수다를 떨어도 예뻐
내가 너를 사랑하는데 아무도 모르는데 기뻐
니가 나를 사랑하는데 아무도 모르는데 슬퍼
어쩌다 너의 딱딱한 시선에 닿아도 웃고 말 거야
이번 생에서 너를 만날 수 있다는 것은 축복이지만
꽃 그림자 너를 안을 수 없어
그래도 더 많은 시간을 버틸 수 있어
멈추어버린 그리움은 헤실헤실 마알간 웃음으로
다시 태어날 거니까

산수유

눈을 뜬다
솜털 보송보송한 얼굴들이
허공에다 노오란 문자를 날린다
스무 살 첫사랑도 실눈을 뜨고
그 때,
산수유 그 어린 것들이 벌써부터
사랑을 시름시름 앓다가 눈꼽 다닥다닥한
섬진강에 망루처럼 꽂혔었지
그 날 이후,
나는 노란물이 터져 아무도
사랑할 수 없었지
세월이 또 한 번 물들어 갈 때
청매화까지 노랗게 물든
어느 날,
나는 그이를 위해 아이를 풀어 놓았지
아직도 어린 꽃송이들이 밤새 앓았지
그리고,
우린 또 다시 노오란 물이 들었네

살구나무

살구나무 앞에 서서 멀미를 한다
지난 밤
노랗게 낙하한 살구는 멀쩡했다
멀쩡해야만 한다고 생각하는 내가
살구였을까
밤새 장맛비는 풀밭위에 웅덩이를
만들고 나는 꿈속에서 살구로 살고
살구가 웅덩이 속에서 노랗게 웃었다
비록 떨어져버린 살구였지만 살구는
살구일 수밖에 없었다
살구나무가 위태하게 매달려 있는
살구들을 또 한 차례 세차게 흔든다
살구들은 아직도 살아있는 살구들은
떨어지기 전부터 즐거운 낙하를
꿈꾸고 있었을까

동백꽃들이

텅 빈 논이랑에 서서 저물어가는 하늘을 바라다봅니다
어제까지 눈을 뜨고 기지개를 켜던 빈 들판을 눈을 감고 더듬어봅니다
경계를 허물어버린 논이랑 밭이랑들이 비로소 어깨를 나란히 할 수 있어서
다행입니다
억새들이 허옇게 목놓아 울어도 낙엽들이 우수수 몰려다녀도 무심하기만 하던
겨울이 어느새 문지방을 넘고 가슴 깊숙이 박혔습니다
그래도 다행인 것은 겨울에도 꽃이 피어난다는 것입니다
벌써 뜰 앞에는 선홍색 동백꽃이 다투어 피어나고 있습니다
그런데 말입니다
세상과 화해한지 얼마 되지 않았는데 왜 이렇게 눈물이 나는지 모릅니다
매서운 겨울바람에도 끄떡없었던 내가 엉엉 소리 내어 울고 있습니다
사람들의 따뜻한 시선이 머문 그 자리에 꼭 피멍이 든 눈물들이 한데 엉겨
떨어질 줄 모릅니다

어머니는 곧잘 땅에 떨어진 동백꽃을 손바닥 가득 담아오셨습니다
 이미 떨어진 지 오래되었지만 어머니의 동백꽃들은 싱그러웠습니다
 눈물이 많은 동백꽃들이 다시 또 다시 피어나고 있습니다

칡이시여!

당신이 잠시 머물다가 간 자리가 무겁습니다
너무 무거워 감히 당신을 두고 어찌하지 못합니다
하여,
당신이 남기고 간 세상이 바람보다도 더 가벼운
향기로 흔들려도 그 향기를 맡을 수 없습니다
그렇게 한참을 그리다가
이슬, 이슬로 빚어진 당신의 가난한 꿈속에서
나는 내 얼굴의 기억들을 조금씩 지워가고 싶습니다
당신이 어둠 속에서 더듬었던 그리움들, 그 그리움들은
스쳐 지나가는 바람처럼 덧없습니다
그 그리움처럼 애간장 녹이는 사랑이었습니다
아!
하늘을 무턱대고 타고 오르는 당신이 아니었으면
오지랖이 넓어 지나온 생을 기억하지 못하는 당신이었으면
발길 닿는 곳곳마다 생채기가 붉어 나는 다시 숨결을 고르고
당신을 위태하게 위태하게 타고 넘으렵니다

스무 살 적에

내가 스무 살 때 나는 열아홉 살을 앓았습니다
늦가을 우리반 교실 뜨락에는 노오란 실국화 무
더기로 피어있었습니다
나는 천일버스를 타고 새하얀 칼라를 세우고
천하가 꿈으로 버무러진 ○○대학교 부속여자고등
학교를 자랑스럽게 입고 다녔습니다.
무겁게 교내방송이 시작되었습니다 총알보다 빠르게
달렸습니다.
언니는 부석한 얼굴로 ○○대학교 병원 시체실에 누워
있었습니다
부석한 연탄가스는 열아홉 살을 흔들었습니다
발을 절뚝거리며 도수 높은 안경너머 세상은 마구
흐렸습니다
꿈을 질질 흘리면서 꿈에도 열아홉 살을 질질 흘리면서
스무 살 적에 나는 열아홉 살에 갇혀 내내 앓았습니다
스무 살 적에 딱 한 번 그이가 내게로 왔습니다

거대한 무덤처럼 부풀어 올랐다

아침마다 안개는
거대한 무덤처럼 부풀어 올랐다
일정한 거리도 없이
집요하게 자리에 눌러 앉아
눈자위를 절망으로 찍어 누르고
아무도 몰래 눈물을 뿌리고 있었다
잘게 잘게 부서지는
눈물의 의미를 모두는 알려고 하지 않는다
안개를 만지면서 늘 두려웠던 것은
세상이 지워지는 것이었다
있으면서도 없는 것
살아 있으면서도 죽어 있는 것
요술램프의 주문처럼 나타났다가 사라지고
부풀렸다가 이내 꺾이고 마는 담보댁의
미친 아들의 고개처럼
무위로 끝나는 헛손놀림이 자꾸 두려웠다
도시의 색채를 모두 거두어 들이고
허름한 자존심과 피가 뚝뚝 떨어지는
넝마조각 같은 슬픔을 그들의 두터운
살갗 밑에 묻어 놓고

창백한 그물을 지치지도 않고 하늘 저편으로
쑤셔넣는 입, 무서운 잎
일제히 입술이 열린다
붉은 해가 하늘 한가운데에서 속삭인다
미친년, 놈, 저리가!

안개가 간다

새벽부터
노둣돌을 놓는다
다리없는 안개가 기어간다
관방천에 살며시 발을 얹어놓고
대숲에는 하얗게 머리 풀어놓고
그리움을 찍어 바른 입술은
퉁퉁 불어 형체가 없다
가끔씩 기별이 닿는 담양댐에는
살얼음이 깔리고 다리가 안개인
나는 개념 없이 무너진다
햇살 그리운 담양의 뒷골목에
귀먹은 전화벨 소리 쌓이고 발신인도
수신인도 없이 눈먼 장님들 노둣돌을
건너간다 온 몸을 바닥에 부리고
발가락이 간지럽다 손가락이 부르텄다
안개로 빗장을 열고 당신의 발소리
들린다 목소리가 정겹게 다가선다
그리움이 왈칵 맨발로 달려간다
질금질금 눈물이 마렵다
바람이 눈물을 흘린다

북녘 하늘이 솟대처럼 펄럭이자
안개의 행렬들이 그 뒤를 따른다

커피를 입에 물고

적막이 나를 찾아왔다
낮은 골짜기에서 엎드려 숨을 고르더니
개망초꽃 흐드러지게 핀 언덕까지 쫓아와
단숨에 나를 덮쳐버렸다
생채기 여기저기에 꽃물이 들고
풀어진 두 눈에 가을이 고이기 시작했다
적막이 내 배를 가르고 안으로 들어왔다
시름시름 앓았을 때가 좋았다
살아 있을 때 보이지 않았던 것들이
죽어 어둠속에서 다시 꿈틀거렸다
커피를 입에 물고 시집을 읽는다
가을이 자꾸 입안에 자갈을 물리기까지
처음 커다란 바위에서부터 시작된 업보
물리고 물리고 물려서 여기까지 쓴물이
시간은 어디서부터 어디까지 발품을 팔것인가
내가 사랑했던 꽃들의 얼굴이 주름투성이로
내가 좋아하는 색이 흰색이었을까 쓰디 쓴물이
아무리 생각해도 사진 속 젊은 날이 떠오르지
않는다
적막은 작은 나뭇잎 하나 떨어뜨리지 못해

엉거주춤 쓸쓸함으로 남았다가 생을 마감한다
다음 생을 위해 마지막 득음을 하다말고
무음에서 무음으로 건너뛰는 너는 달콤한 커피를
입에 물고

손 없는 날 너를 찾아 나설 것이다

제3부

아버지 허리에 무지하게 꽂힌 이른 봄

이윽고

바람이 무너져 내린다
발끝부터 무너지는데도
여전히 건재하다
바람이 어디서 오는지
어느 곳에서 머물렀는지
한참이나 지켜서 있어도
바람을 만날 수 없다
이윽고
바람이 만지고 간 것들이
떨어진다
뚝!

뻘

썰물이 빠져나간 지
얼마나 되었을까
뻘 속에서 인기척이
느껴졌다
시커먼 뻘을 가슴으로
받아 안은 여자가
나머지 치부를 가리기 위해
바다의 속으로 뛰어 들었다
얼마 후
여자의 품속으로 뛰어 든 바다는
이미 뻘이 되었던 적이 있었다

여자의 자궁이 소란스럽다

불안

  싹....둑 싹...둑, 싹..둑 ,싹.둑, 싹둑 싸아둑 사싸싸아뚝 사쓰아뚝 싹둑싹둑싹뚝싹뚝! 탯줄 끊어내는 소리 들린다. 진통이 시작된지 1년이 지났지만 불안은 아직도 코로나19 뱃속에서 탯자리를 고르고 있다. 비비꼬여버린 코로나19를 싹뚝 싹뚝 싹뚝 싹뚝 싸-아-아-악-뚝! 팬데믹을 싸..
..................뜨뚜뚝!

  상황은 쉽사리 종료되지 않았다

탯줄

오색 단풍이 들자
가을이 탱탱하게 부풀어 올랐다
가슴이 멈추고 자궁이 열렸다
검붉은 아침이 눈을 떴다
부스스
춥고 지루한 도시가 뒤척인다
누군가 강보에 싼 희망을

탯줄을 자른다

금줄 은줄

아주 어린나이에도 선명하게 보였다
아직 갓난아이에게도 뚜렷하게 기억되었다
엄마 뱃속에서도 보였다
새끼줄에 올망졸망 매달린 숯 덩어리들
검은 몸 곁에서 팔딱팔딱 춤추는 붉은 고추들
노오란 금가루를 뿌렸을까 금줄 은줄
할머니는 아들이라고 아버지에게 말했다
딸 넷에 마지막 홈런을 때렸다고
아버지는 두둥실 구름 위를 날았다
금줄 은줄을 달았다 아버지의 자존심도 나부꼈다
할머니께서 그만둬라 조개란다
아버지 뒤로 깨져 바둥거렸다
정성스레 방문 위에 달아 논 금줄 은줄을 휙 낚아챘다
그 길로 뛰쳐나가신 아버지 기어이 아들을 얻었다
금줄 은줄이 딱딱딱 잇빨을 부딪쳤다
으드득 오드득 어머니를 갈았다
철없는 갓난아기는 탯줄을 끊고 끊었지만
아직도 엄마 뱃속에서 웅크리고 있다
이승에서 저승까지 질기고 아름다운 금줄 은줄

나이테

삶의 주름도 잡혔다
가다가 힘든 것들
하다가 멈추는 것들
행하다가 가지 말아야 할 것들
늘 질문을 던지며 간다

나무 주름만큼 커져가는
삶의 주름
그 앞에서
바로 지금이
살아가야 할 자리임을
나이테 한 바퀴 더
두르기 위해

호수

커다란 눈알 하나가
동공이 벌어진 채
땅 속에 박혀있다
겁에 질린 듯
제 한 몸 뉘일 쓸쓸한 공간을
제 몸속에 박아 놓았다
단단한 끈 하나로 묶어 놓았던
눈알 하나가
움직일 때마다 빗방울이 튄다
살아있을 때 그는
커다란 그릇이었다
때로는 하늘을 담기도 했던
속 깊은 항아리였던 적도 있었다
삶들이 형체도 없이 흐물어진다
너와 나도 형체도 없이 흘러내릴 날이
죽어가는 눈동자 속에 찌를 꼽고
내가 끈질기게 낚고 싶었던 것은
무엇이었을까
푸른 눈알 하나 그것은 탐스러운
욕망이었을까

욕망의 호수가 부글부글 끓어오른다
살아 있어서 나는 너를 낚고 싶다

들판 같은

이제 눕는 일만 남은 들판은 좋겠다
누워서 가물가물 멀어지는 지평선을
눈 아프게 바라보는 일도 기쁨이겠다
아침 저녁 안부를 묻지 않아도 되고
누가 나를 걱정하지 않아도 되니까
슬픔이 등을 쫘~악 펴고 깊어가는
가을도 다독여주었으니까
가슴도 도려내고 손발까지 모두 내주었어도
눈물이 나지 않네 쩍쩍 말라버린 논바닥이 슬프지
않네 후두둑 떨리던 아버지도 기억나지 않네
들판 같은 아버지가 저기 누워 있네 허연 수염도
논두렁 밭두렁에서 반짝이네

어느새 길이 되어

벼이삭까지 걷어낸 논바닥에 길이 생겼네

나란히 작디작은 두부 모들이 촘촘히

박혔네

어느새 길이 된 아버지가 빛바랜 누런 이불을

짧은 가을 햇살에 말리고 계시네

등에 업혀서

비쩍 말라비틀어진 등을 대고도 춥지 않을 만큼
가을 햇살들은 가만가만 들썩거렸다

노랗고 빨간 입술들이 종일 툴툴거리며 중얼거렸다
아버지는 곧잘 마른 등을 내주었다

엄마가 없는 아가는 아버지의 등에
업혀 엄마의 꿈을 꾸었다

위대한 유산

양념이었던 아버지를 꼭꼭 씹으면
쓴물이 고였다
양념도 아니었던 아버지가 꿈속에서
푸성귀가 되었다
들판에서 저절로 자라난 나는 푸성귀를
먹고 자랐다
쌀 한 톨 제대로 먹지 못한 아버지가
어린 자식들에게 줄 수 있었던 유일한
유산
아무렇게 뿌리내린 푸성귀를 하루 종일
거두어들이는 일이었다

아버지 허리에 무지하게 꽂힌 이른 봄

 햇빛 한 알 톡 떨어지자 나무들 숨소리가 들릴 듯 말 듯 모로 돌아누운 아버지의 등이 들썩였다 봄이거나 이른 봄이라며 뒤척이는 소리 귀밑까지 차오르는데 햇빛 알레르기를 앓는 사내는 자주 얼굴색이 붉어지거나 부풀어 올랐다 좁쌀만한 사연들이 얼굴과 목 전체를 덮었다 자꾸 비벼대는 손바닥도 이제는 헐어서 지문이 지워진지 오래지만 새롭게 역사를 쓴다며 도수 없는 안경에 지문을 새겨 넣는다 보이지도 볼 수도 없는 어머니 벌써 아버지의 독설이 수북이 쌓여 봄인데도 아직도 겨울을 맛있게 빨아먹고 있는 어머니 씨부럴 왜 이렇게 춥지 문고리에 수저를 꼽고 온 세상을 다잡아 잠그고 불어라 바람아 봄바람아 바람난 아버지 허리에 무지하게 꽂힌 이른 봄

나팔을 불거야

 나팔을 불었어 성지라고 또 나팔을 불고 있어 문학메카 성지를 끝도 없이 마구 불어 제쳤어 서있는 나무들이 반짝반짝 발광을 했어 입안 가득 초록물이 고였지 고일 때까지 스무 다섯해가 강물처럼 흘렀댔어 백수광부 호리병에 고이는 강물들이 일제히 공무도하가 공무도하가 공무도하가* 광주에서 서울까지 서울에서 평양까지 워싱턴 베를린 파리 런던까지 까지.... 여기서부터 일본 중국 러시아 브라질 오세아니아 아프리카부터 여옥의 공후가 나팔을 불어댔지 꽃이였어 나무였어 사랑이었지 0000000명이었지 문학메카성지인 광주전남을 번역하고 싶어 충장장로 금남로를, 옛 도청 앞 분수대를, 예술의 거리를 번역하고 싶어 AI에 입력할거야 고운 당신들을 여기 문학성지에 풀어놓고 싶어 도도한 역사 속에 파고들고 싶어 입이 찢어져라 나팔을 불거야 벌써 11월이야 코로나19가 호호 입김을 불어가며 겨울이 되겠지 서있는 뼈들이 하얗게 나팔을 불어댈거야 광주전남대한민국문학메카메모리얼파크 브랜드한 광개토왕비 남북통일 이만 때쯤 꼭 한 번은 나팔을 불어 제칠거야 무등산 입석대가 저절로 춤을 추고 광주 5·18민주화운동이 끙! 어깨춤을 날리고 빵빠레가 터지겠지 삐에로가 불꽃놀이를 하겠지 그리고그리고 당신들의 근심걱정도 신나게 터져버리겠지

안으로

in

벗었다 옷을 벗었다 자꾸 벗어도 안으로 들어갈 수 없다 벗었다 또 벗었다 만 번 천만 번 벗었다 튕겨져 들어갈 수 없다 안으로 바깥에서 맴돌다 너를 튕겨내기 위해 얼굴을 벗었다 억만 번 만날 수 없다

out

삶에 지쳤을 때 길을 닦는다 옹이 지고 가파른 길 위에 누워 하품을 한다 눈 감고도 당당하게 하품을 하고 눈물 찔금거리며 너를 그리워한다 부적같은 니가 먼저 지쳐버리면 푸른 이파리들 난들거리는 안으로 든든한 기둥서방 같은 안으로 눈뜨고도 길이 보이지 않는다

in 또는 out

푸르게 걷고 싶어 그곳에 간다 안으로 바깥으로 나란히 어깨쭉지가 흔들거린다

그대는 안으로 나는 바깥으로 공을 굴린다 안이 바깥 바깥이 안 헷갈린다 옴

제4부

그리워지기 시작하면 아프다

한강역

일주일에 한번 그를 보러 간다
긴 머리를 풀고 두 시간 남짓 흔들리고 나면
열차는 미동도 없이 도착하지만 도착하기도 전에 떠나버린다
한강을 지날 때면 유독 덜컹거리며 컹컹 개짖는 소리도 들린다
처음에는 그를 보기 위해 온몸을 비틀었다 그 다음에는 상체를
꺾었다
혓바닥이 굳어버린 것은 얼마 되지 않았다
그의 탓이 아니다 라고 말하고 싶을 때 특히 밤이 되면
물살들은 저희들끼리 깐죽거렸다
허공 위에 둥 떠있는 나에게 조심하라는 인사조차 건내지 않지만
그그 그대로라고 변함없이 그리워하고 있다고 너스레를 떤다
서-울의 막창 한강은
오갈 데 없는 호모사피엔스들의 눈물들이 한 개 두 개 떨어졌던 터라
한강의 기적들이 아주 재빠르게 반짝거렸다

나팔처럼 주둥이를 벌리고 끝도 없이 기적을 울려대는 한강역

개찰구도 역장도 없는 플랫폼을 한없이 서성대는 사람들

어디로 가든지 목적지는 이미 정해져 있다

비 오는 날 한강역을 지날 때면 유난히 슬퍼보인다

비대해진 절망 탓이라고 체념했던 한순간이 문득 스치고 지나간다

비좁은 한강역을 지날 때 허공 위에 둥실 떠있는 너를 본다

선유도

망부석과 망주석 사이에서
오매불망 쏟은 눈물 한 방울
그리워서 깊고 푸른 물길
열었을까
신선들만 살았다던 선유도
고군산군도의 허리춤에
오지게 꽂혔다
사람 냄새 정겹게 매달고
신시도와 무녀도에서 선유도로
다시 장자도에서 대장도로 멀리
수평선에 걸린 관리도 방축도 명도
말도도 잽싸게 훔쳤다
야미도 선착장은 유람선이 뜨고
고군산군도를 연결하는 세계 최장
1주탑 현수교는 선유도의 얼굴인 양
목구멍까지 환하다
뒤돌아서는데 아무에게도 말할 수
없었다면서 배시시 웃는다
신선들만 사는게 아니라 선녀들도
살고 있다는 말을 넌지시 건넨다

파도소리가 우리들 이야기 속으로
파고 들고 등 뒤에서는 보랏빛 햇살들이
팔딱거렸다

장성호에서

스무 살 때 우린 장성호에 갔었지
마악 스물을 넘긴 우린 서툴러서
장성호 둑길을 거칠게 걸어다녔지
행여 몸뚱이가 날아가 수면에 꽂히면
어쩌나
푸른 물길 번쩍이는 물비늘 떼를 만나면
어쩌나
바다를 닮아 걱정도 파도처럼 높았었지
자꾸 뺨이 달아오르고 몸이 달아올랐지
첫사랑 장성호에서는 아직도 그 아이의 체취가
살랑살랑 묻어 나오지만
그 아이가 살았다던 마을의 흔적도 물속에 그대로
남겨두었지만
실오라기 그리움 한가닥 출렁다리가 되었는지 노랗게
하늘이 어지럽네
수변길 걷다보면 이미 중년이 되어버린 장성호 머리 위에
새하얀 새치 몇 가닥 무심히 흔들리는데
바람도 불지 않는데 날개를 요란하게 부딪치며 호수 위로
솟구치는
황새 한 쌍 앞서거니 뒷서거니 시간을 거슬러 오르네

거기, 고향마을에도 복숭아꽃 살구꽃 피고 지겠네
물속 깊이 박힌 방동 가느실 임실 수성 용강리도
무릉도원이겠네
스무 살 장성호에 가면 발가락이 간지러워 괜스레
머리를 긁적거리던 홍당무 그 아이의 얼굴이 쌩쌩
내 앞을 달려가네 저만큼 멀어져 가네 멀어져 가네
장성호 그 널찍한 가슴팍에 파란 하늘이 박히고
수변길 저 멀리서 그리움이 달려오네
유택 근처 우동부락까지 첫사랑이 달려오네

담양가 潭陽歌

담양담양담양
찾다가 이 사진이 딱 걸렸네요
사진에는 축제 때문에 카메라 렌즈까지
들썩거리데요

담양담양담양
젊음이 요란하데요
나무들도 들썩거리고
바람도 배꼽까지 차올랐어요

담양담양담양
이만한 날
꼭 이만큼한 시간에
추억의 곡간을 날름대는 것은

담양담양담양
사는 것이 딱 딱 딱 떨어져 나간다면
절망이나 불행 따위가 따~악 떨어져 나가 버린다면
희망이나 등불이 딱 우리 앞을 비춘다면
〉

담양담양담양
대나무 숲이 술렁거리데요
하늘은 대나무 숲을 낳았는지
괜스레 허리춤을 치켜 올리고

담양담양담양
가장자리까지 골고루 낭만을 물들이데요
사람들을 둥실 보듬어 안아 올리기도 하고
뿌리까지 넉넉하게 쓰다듬어주기도 하는

담양담양담양
속삭이세요
나만 들을 수 있게
벌써 사랑이 되었다고

담양담양담양
목소리 낮추세요
술렁술렁 푸르게 뻗어나가세요
당신의 숨소리가 여전히 곰살거리네요
〉

담양담양담양
둥구스럼한 죽녹원을 돌고돌면
메타세콰이어 가로수 길을 살포시 밟고
관방제림에 푸조 팽나무 느티나무 더욱 성글겠죠

담양담양담양
송순의 면앙정의 돌계단을 오르고
송강정과 식영정을 베고 누우면
소쇄원의 바람소리 간장을 끓어내네요

담양담양담양
메타프로방스 담양은 이국적인 사랑을
관방제림 국수거리에서는 오래 묵은 사랑이
그래도 다시 사랑은 대숲에서 불어오데요

담양담양담양
가마골 용소에서 영산강까지
금성산성에서 삼인산을 오른 다음
죽녹원 대숲에서 아우라를 몸에 두르고
〉

담양담양담양
관방제림의 뚝방길을 손잡고 걸으면
추월산도 병풍산도 이웃사촌이래요
발을 뻗어 용흥사 계곡에 발을 담그세요

담양담양담양
양산보가 벼슬을 버렸던 소쇄원
오희도의 배롱나무 명옥헌 원림에서
짤칵 사진을 찍고 있어요

담양담양담양
가사문학의 산실이라는데
드라마 영화 촬영지라는데
메타세쿼이어 길이 주인공이데요

담양담양담양
봄에서 여름으로
가을인데 가슴에 불을 품은
메타세쿼이어 길에서 다시 포스를
〉

담양담양담양
첫겨울 매화 향기
천지에 가득할 때쯤
천년 담양으로 꼭 다시 오세요

그대의 춤이 대숲을 가르고

나는 그대의 맥을 짚네
화석이 되어버린 사랑에
날카로운 바늘을 찔러 넣고 싶네
매번,
튕겨져 나온 나의 허튼 수작
한번도 그대 중심에 이르지 못하고
주변을 서성이기 십수 년
자세 한번 흩트리지 않은
그대를 나는 혼불이라고 부르고
그대는 신이 내린 사랑을 도통 기억하지
못하는 거칠고 아름다운 무녀였으리
그대의 춤이 대숲을 가르고
청암부인의 치맛자락에서
조선여인의 비애가 묻어나도
나는 슬퍼할 수가 없네
언젠가 슬픔 모두 거두어
훠이훠이 길 떠난 버린 그대를
나는 눈부시게 기억하고 있네

꿈에서도 면앙정에 간다

날개가 솟았다
대숲에서 희디흰 가루들이 부셔졌다
눈부시다
날개는 동쪽 끝에서부터 솟았다가
제월산 면앙정으로 향했다
오백 년 세월이 푸른 날개가 되어
게으른 내 어깨를 다독였다
코부시다
늑골을 타고 흐르는 개울물도
이제는 사람들의 오줌 줄기마냥
가늘어졌다
쿵쿵 냄새를 맞는다
송순 선생의 탁월한 시심이
이곳에 머문 지 오래되었지만
어디 한 귀퉁이에 숨어있을 선생의
체취가 그립다
목구멍이 환하다
계단은 가파르고 다리는 눈이 어두운지
쉬며 쉬며 방향을 잡는다
내가 세월을 위태하게 낚는 동안

면앙정으로 오르는 길은 곡선에서
직선으로 하늘을 향해 열려있다
선생은 아직도 천년의 꿈을 쓰다듬고
계실까
백년도 살지 못하지만 이곳에 오면
어쩐지 오래 묵은 장맛이 난다
설렌다
아름드리 나무들 사이로 도포자락들이
얼핏 스친다
손을 뻗어 당신들을 만진다

꽃이랑 대숲이랑

아침이 되면
죽녹원 대숲이
길가에 앉아 인사를 한다
설익은 바람소리에 눈먼 가슴이
바르르 떨린다

아버지의
바튼 기침소리가
노래가 되었을까
새소리 물소리
댓이파리에 넘쳐 흐른다

봄이면 세인봉에 오르고
여름이면 사랑이 변치 않는 길을 가고
가을이면 철학자의 길을 걷자
겨울 하얀 죽녹원에서
눈꽃이랑 대숲이랑

죽녹원 갈래길을
이리 돌고 저리 돌고

가고 가도 길은 보인다
발 아프다고 투정하지 마라
여기가 천국이니 훨훨 날아보아라

사십구 계단을 밟으며
이승에서의 죄 모두 헤아리며
문득 뒤 돌아보니 세상
모든 것이 서로 얽히어
나도 너에게 얽히어

저녁노을이 빨갛게 홰를 치고
대나무들이 도도하게 무릎을 세우면
햇살이 몸을 푸는 대숲은 눈부셔라
오늘은 내가 저녁공양을 하고
죽녹원은 둥실 떠서 꽃이되거라

나랑 너랑
꽃이랑 대숲이랑
천상의 숨결로 가다듬자
해맑은 웃음들을 여기 걸어두자

지상의 낙원이 따로 없겠지

아직 가보지 않은 길
넘어지지 않게 허리 곧추세우고
내가 너를 알아 볼 때까지
천 년 만 년 내 곁에 서 있으라
꽃이랑 대숲이랑

그리워지기 시작하면 아프다

파도가 쓰윽 눈물을 훔쳤다
바다는 잔잔하게 가라앉았다
유난히 희디흰 포말이 울렁거리며 다가온다
검은 바위가 허옇게 몸부림치고 너의 입김이 파도처럼
출렁거린다
수많은 시간을 건너뛰고 돌아서돌아서 방파제에
발이 묶인 사람들
서로의 안부를 눈짓으로 묻고 우린 또다시 일상으로
돌아가야지
불같은 눈빛 여기 남겨두고 사랑은 어둑해진
바다를 건너간다
새날이 숨가쁘게 찾아오면 다시 나를 찾아 떠나리라
기억 속에서 추억 속으로 미끄러져가는 파도
슬픔 속에서 수초처럼 자라나는 눈물
검푸른 바다 위에서 새하얗게 꿈틀거리는 너를

그리워지기 시작하면 아프다

송덕봉 생가

당신들의 사랑은 어찌 그리 방정芳情하단 말이오
오백 년이 흐르고 천년이 흐른들 서로에게 향하는
마음인들 숨길 수 없겠지요
숨기지 못하여
한 지아비와 지어미로 정情 그립게 살지 않았소
미암 유희춘 선생님 일기장 속에서 당당하게
부부의 사랑법을 주문하시고 깨알 같은 속마음
들킬세라 사랑으로 편지를 쓰고 또 쓰고
오백 년을 차곡차곡 다독여 등불인 양 불 밝히니
입소문으로 찾아 나선 길목마다 봄볕이 달착지근하게
퍼질러 앉아 하마터면 넋을 잃을 뻔, 뻔, 뻔하여
매화나무 앞에서 두 손을 모았지요.
시어머니 3년 상을 여자 몸으로 혼자 치루고
남편의 유배 뒷바라지를 하기 위해 북방 만 리 길
종성을 향하면서 험난한 길에 오른 것은 남편을 따라야만
하는 삼종의 도가 무거운 게지요.
가난 때문에 친정아버지 묘비도 세울 수 없어
남편 미암 선생에게 간곡히 청했으나 거절당하자
착석문斲石文으로 당신의 속마음을 남편에게 전달하고
부모님에 대한 효심을 달달하게 펼칠줄 알았다지요.

마당 한가운데에서 두리번거리는 데 길을 잘못 들었는지
주인보다 더 오래 산 것이 죄가 되었는지 뭉뚱하게
잘려나간 은행나무의 노르스름한 나이테가 어쩐지
슬퍼 보이데요.
달랑 작은 화분 몇 개 앙증맞게 꽃봉오리를 달고
4대째 나지막하게 숨을 고르고 있는 송덕봉 시인의 탯자리
탯줄을 끊고 끊어도 명자꽃, 매화꽃, 수선화, 푸른 댓잎파리
시방 송덕봉 생가에 오지게 피었습디다
그 뒤로 앞으로 옆으로 흐드러진 봄꽃들이 다투어 옴하고
유교적 규범을 착실하게 따랐던 그 시절들을 펌핑하데요.
유교적 굴레를 훌훌 벗어던질 줄 알았던 당신은
당차고 대범하고 부끄러움이 없는 푸른 하늘이겠지요.
시인 송덕봉 생가家의 그 푸른 기와지붕이
동동동 앞서 가네요.

지금, 담양으로 오세요

빗소리가
댓잎을 때린다
천둥도 질펀하게
댓잎에 안긴다
빗소리가 스쳐간 자리에서
한참을 머뭇거렸다
푸른 구슬들이 또아리를
틀 때마다 작은 목소리들이
속삭인다
담양을 품으세요
조선시대의 담양을 들이세요
오래된 미래는 언제나 당신편이에요
천년 담양은 지금이에요
지금, 담양으로 오세요
빗소리가 요란해도 담양은 이렇게
사랑스러워요
천둥이 번개가 스스로 댓잎에 닿기만 해도
사탕처럼 달콤하게 녹아버려요
마음이 가난해서 슬픈 사람들 담양을
가만히 품어보세요

맑은 눈물 한 방울 대숲에 심어보세요
저리도 담양은 늘 푸른 희망이래요

메타 프로방스 담양

날씨가 좋기로 소문난 곳
이탈리아와 가까운 프랑스의 남부
남프랑스 헷갈리는 이름 말고
옛 프로방스 알프 코트 다쥐르
잊혀진 이름이지만 연중 내내
햇살이 빛나는 아름다운 곳

그 프로방스보다 더 애틋한 곳
메타 프로방스 담양
담양 메타 프로방스
메타세콰이어 가로수 길 옆
프랑스풍의 관광마을이
선명하게 그리움을 풀어놓은 곳

커플펜션, 가족펜션, 유럽풍 골목길
카페단지, 아울렛단지, 곤충박물관
시간조차 가던 길 마다하고 주저앉은
쇼윈도우로 들비추는 내 모습이
어쩐지 이국풍으로 둥실 떠있는
이야기들이 정겹고 아름다운

〉
옷가게 문을 열고 드르륵
주인 여자의 호들갑스런 환영인사
바바리코트를 걸쳐 입고 흥정을 붙이는
녹록한 가을이 길을 찾다가 뛰어들고
함께 어우러져 향긋한 대나무잎 차
담양 메타 프로방스 메타 프로방스 담양

메타세콰이어 가로수 길

날마다 하늘에 기도를 드랬어요
뾰쪽한 교회탑들도 세워드랬어요
사람들이 지나가다 나를 올려다 볼 때마다
불가능은 가능으로 솟구쳤지요

불가능이 없는 길
작은 마음들이 탑을 쌓고 그 위에 꿈을 올리고
주렁주렁 햇빛도 걸어놓고 빗방울도 올려놓았더랬어요
언제나 희고 푸른 날개들이 맴맴맴 맴을 돌았지요

가을이면 아이들의 불그스레한 웃음소리가
사방팔방으로 뻗어나가 씨줄날줄로 출렁이고
겨울이면 하얀 실타래들이 하염없이 걱정 근심을
엮어내면 가로수 길은 담양의 새 역사를 만들고

손을 뻗으면 하늘이 손가락 끝에 매달려선
물구나무 서 기도하고 저녁기도처럼 포근하게
안겨서는 의미 있는 시간으로 흘러가는
불가능이 가능으로 새롭게 열리는
〉

영원히 잊지 못하는 추억의 빛으로 다시
담양이 분주해지고 술렁거리는 담빛으로
메타쉐콰이어 가로수 길 담양에 가면
메타세콰이어 가로수 길을 꼬옥 걸어보세요

담양을 들이다

빗소리가
댓잎을 때린다
천둥도 질퍽하게
댓잎에 안긴다
빗소리가 스쳐간 자리에서
한참을 머뭇거렸다
푸른 구슬들이 또아리를
틀고 휘파람을 분다
휘파람 소리를 따라
천년 담양이 걸음마를 한다
끝과 시작이 하나로 우로부로스의
비밀이 담겨있다
우주의 둥근 턱을 쓰다듬으며
이윽고
내 속에 담양을 들이다

제5부

그 등을 오랫동안 쓰다듬었다

잠에 대하여

내 잠에서는
달콤한 꿈 냄새가 난다
달달한 그의 목소리가 들리기도 한다
나는 그와 진한 포옹을 하고
잠 속에서 그는 나를 들여다보고 있다
꿈이 이상한 소리를 지르면
그는 내 곁을 떠나 다시 세상 속으로
걸어 간다
그는 애써 미소를 지어 보인다
한참 잠에 취해 나는 꿈길밖에 길이 없어*를
따라 부른다
분주해진 그가 게으른 나를 막아 선다
아무것도 아닌 꿈이었다 nothing
봄꿈 그 환한 꿈은 나를 쓰다듬어 주었다
나의 잠이 울고 있었을까
울음소리에 섞이어
그의 목소리는 들리지 않았지만
그는 나를 모든 것 everything라 불렀다
나는 잠에서 깨고 싶지 않다
까칠한 꿈속에서 그와 나는

보들레르처럼 숨은 신을 헛되이 쫓고 있을까
시테르 섬*에서 우린 행복한 몽상가
열정이 달콤하게 달아오르는 관능의 망상가
아무것도 아닌 잠은 이곳에서 그가 숨 쉬고
있는 꿈속에다 나를 억지로 밀어 넣는다
나를 헤도니즘으로 이끄는 꿈에 대하여
나를 유령으로 무등 태우는 꿈에 대하여
그리고
사랑에다 방점을 찍는 무거운 꿈에 대하여
아직까지도 환장할만한 잠속을 헤엄치고 있는
우리들의 나르시시즘이여!

*황진이의 한시 「상사몽」은 20세기 김안서가 번역해서 유명해졌고, 그 번역서에 김성태가 작곡을 하여 노래로 만들어졌다.
*보들레르의 『악의 꽃』 중 「시테르 섬으로의 여행」은 고대 그리스신화에 나오는 사랑의 여신 비너스의 섬이다.

문,

저 문들이 곱게 꼬인다.
자꾸 얼굴을 돌린다.
문이 열릴 때마다 기다림이
눈부시게 출렁인다
너는 그리움의 표상
내 눈이 가볍게 너를
기다린다.
어제는 종일 비바람이 불었다.
소통의 범람조차도 저 문턱을
넘지 못한다.
너와 내가 서로 마주보는 시간은 그렇게
짧게 끝나버렸다. 문들이, 소통되지 못한 시간들이
사람들의 소리에 섞인다. 섞인 소리들이
꽥꽥거린다. 소음이 사랑이라니
흘금 흘금 너의 옆 얼굴을 훔쳐본다.
고개가 자꾸 너에게로 꺾인다.
너는 이미 내게 사랑을 고백하고 떠나버렸다.
입속에서 웅얼거리던 사랑은 밥처럼 배가 고프다.
먹을 수 없는 밥이 내 늑골을 파고 알을 낳는다
사랑의—알,

내가 꾹꾹 눌러 죽이고 싶은 알―사랑, 의 연애는 달콤했다.
너무 닳아버려서 쓸모가 없었던 너, 나는 쓸모가 없었다.
비비 꼬이던 문이 닫혀버렸다.
아직 나는 사랑한다는 말을 하지 못했다.
연애는 저 혼자 시작되기도 전에 끝나버렸다.

이유 없이

아무 일도 손에 잡히지 않았다
제멋대로 뒤엉켜버린 풀들의
지난한 사연들이 가슴 한 귀퉁이를
열고 들어 왔다
풀들은 강물위에 햇살을 풀어놓고
윤슬의 아침 반짝인다
너무 눈부셔서 눈을 감은 채로
아침을 앓았다
한참을 그 자리에 서서 앓다가
뒤돌아보니 그가 윤슬처럼 반짝였다
나는 헛된 꿈을 꾸는 나쁜 아이였을까
어른도 못되고 어른의 꿈을 마구 꾸는
부끄러운 발이 아프다
아무리 걸어도 언제나 제자리일 뿐
사랑을 비수처럼 품어 보았지만
무딘 내가 거칠게 나를 찌를 뿐
나는 흘러갈 줄도 멈출 줄도 모르는
박제된 그림자의 그림자

푸르기만 하던 새봄이 이유 없이
야위어 간다

쓸쓸하여라

쓸쓸하여라
니 영혼을 뺏어서 무엇 하겠니
마음으로 탑을 쌓은들
사랑
오래 전에 눈물이 되었더라

쓸쓸하여라
내 영혼 너한테 닿으면 뭐 하겠니
수태고지 속에 고히 묻힌
사랑은
지금도 눈부셔 바로 볼 수 없는데

쓸쓸하여라
두둥실 한 천만 년 뒹굴고 나면
오래 닳고 닳아서
사랑 그까짓 것
나는 결코 너를 기억할 수 없어

오랜 친구여

나는 마른 잠을 자기 위해 불을 켠다
저절로 켜진 불들은 나를 꺼버린다
나는 어두워진 채로 그를 연주한다
잠은 더 이상 꿈이 아니다
어둠도 아닌 잠으로 꿈을 꿀 수 없다
그는 더 이상 음악이 아니다
음표는 더 이상 노래가 아니다
노래는 더 이상 피아노가 아니다
아무리 나를 켜도 바이올린의 아름다운
선율이 살아나지 않는다
구석에 아무렇게 처박혀 있는 나
나는 지금 방청석에 생뚱맞게 앉아 있다
첫사랑이 연주되기를 기다리고 있다
하염없이 초라해진 손가락들이 묶음을
그가 지휘봉에 매달려 모리스 라벨*을
필사적으로 지휘봉에 달라붙은 잠
혼을 부르는 잠을 자고 싶다
그를 연주하는 동안 나는 목이 마르다
그리고
오랜 친구여 나의 사랑이여

＊모리스 라벨(Maurice Joseph Ravel, 1875~1937): 클로드 드뷔시와 함께 프랑스 낭만악파를 대표하는 작곡가로 '볼레로' '라 발스'등의 작품으로 널리 알려져 있다. 제1차 세계대전에 참전 중 겪은 아픔을 바탕으로 '쿠프랭의 무덤' '왼손을 위한 피아노 협주곡' 등을 작곡했다.

연꽃

초여름
작은 연못 속에는
여물지 못한 안개가 기를 쓰고
들어 앉아 있다
무한공간에 한 점 삶의 궤적을
찍어내기 위해 부산하게 몸의
방향을 바꾸는 연꽃들을 보면서
그들의 알몸에 무수하게 찍혀 있을
상흔들을 지워내기 위해 나는 바짝
그 옆으로 다가 앉았다
옷을 두껍게 껴입었는데도 경기가 난 듯
온 몸이 떨리고 사지가 뒤틀렸다
그만 내 안에서 기를 쓰고 밖으로 뛰쳐나오려는
내 알몸을 더듬거리며 만져보았다
상처가 덧난 그 자리에 상처가 다시 도지고
딱딱하고 메마른 일상을 설명할 수 없었다
바라보기만 해도 저절로 한숨이 앙금처럼 고이던
대낮을 더 이상 기억해 낼 수 없었다
그 날 비오듯 내 알몸 위로 쓰러지던 안개들
그 자리에 그대로 놓아두고 나는 비틀거리며

일어서기 시작했다
연꽃 한 송이 가부좌를 틀고

장미원에서

장미꽃이 고개를 든다
깊숙이 숙인 이마 위에
서늘한 안개가 앉아있다
뿌옇게 탈색된 안개의 혀끝에
달랑 장미꽃 한 송이 거칠게
꽂혀있다
장미꽃들의 행방을 찾았지만
어디에도 보이지 않는다
아직 여름이 한창인데
정원사에게만은
장미들은 한 송이의 꽃일 뿐
얼굴이 아니다
계절을 타지 않는 정원사는
아직 시들지 않은 여름을
무자비하게 잘라버린다
찰칵찰칵 시간이 잘려나가고
가을이 그의 손끝에서 장미꽃을
피워 올린다
가위질에 능숙한 정원사는 신이 났다
세상을 바꾸어야지

장미꽃을 바꾸어야지
장미 한 송이 사람들을 닮았다
겨울이 슬그머니 손을 뻗어 정원사의
얼굴을 찌른다 굵은 가시 아직
싱싱하다

부비디바비디부!*

시간이 거꾸로 흘러간다
방향을 바꾸었을 뿐인데
낯선 아주 생경한 사람들이
등을 보이고 앉아 있다
오래도록 버티고 있었지만
우리를 알아보는 사람들은
하나도 없다
말을 걸지 않는 이상한 풍경들
말을 걸어도 알아듣지 못하는
의대 정원 2000명 이천공
숫자들이 얼굴을 바꾼다
1450명, 500명, 40명 왔다갔다
숫자가 숫자를 가지고 놀음을
헌법 제 67조 1항 투표 만땅
국민들의 말발을 받고 5년간
대통령은 말발을 먹고 산다
말발이 서도 말발이 안 서도
말발은 쨍하게 말발일 뿐이다
불통과 소통이 재빨리 머리를
맞댄다 맞대면서도 또 다시

불통은 불똥이고 소통은 소똥이다
소똥 꿈은 기대 이상의 좋은 성과를
기대해도 좋다는 꿈 해몽
불통과 소통은 또 다시 방향을
바꾼다 제대로 된 밥그릇들이
서로 부끄러운 등을 토닥인다
교육은 백년지대계라는데
의대교육은 2000명 숫자에 갇힌
졸속지대계 부비디바비디부!
우리는 얼떨결에 상냥한 주문을
호박을 향해 힘껏 던진다

*신데렐라에서 호박이 황금마차로 변할 때 외는 주문

그 등을 오랫동안 쓰다듬었다

장미꽃 밭에서 당신을 만난다
무더기로 피어나는 붉은 미소들
향기로운 잠에서 깨어나 무균실에서
우린 버릇처럼 부활을 꿈꾼다
향기 대신 무심을 흔드는 발자국
가까이 곁을 스쳐지나가면서도
내가 누군지 모르는 이상한 나라의
장미 장미 장미꽃들
유통기한이 지워진지 오래되어도
걱정은 금물 이유를 묻는 것도 금지
그래서 너와 나는 이방인들의 노래를
메마른 입술사이에 끼어 넣는다
꼬깃꼬깃 구겨진 6월의 장미꽃들이
당신을 부르고 나를 부른다
아직도 깊은 잠에서 깨어나지 못한 5·18을
마구잡이로 흔든다
나도 아니고 당신도 아니고 그리고 우리도 아닌
광주가 우리를 안고 뒹군다 대한민국을 통째로
껴안고 절규한다
5·18을 자꾸 호명하고 싶어하는 간드러진 입술

당당하게 구부러진 등
또 다시 5월을 씻김굿 하려는 장미꽃 밭에서
나의 잠을 흔들어 깨우는 똑똑한 당신
나의 오랜 꿈을 정성스레 다독이는 끈질긴 당신
당신이 5월, 5월이라고 부르면 바스스 웃으며
부끄럽게 일어날지라도
꽃밭에서 익숙한 당신을 따라서 향기롭게 온 세상의
장미꽃이 되고 싶어서 나는 어머니처럼
그 등을 오랫동안 쓰다듬었다

돌꽃

누가 몰래 두고 갔을까
누가 여기까지 실어 날랐을까
돌들은 돌꽃들에게 어떤 이야기를 해주었을까
돌들은 돌꽃들에게 무슨 생각을 품어 달라 부탁했을까
가슴이 없는 돌들에게 따뜻한 가슴을 달아 달라 말했을까
눈이 없는 돌들에게 세상을 섬길 수 있는 눈을 달라 말했을까
인적이 없는 산 중턱에서 산허리를 돌멩이로 두르고 도도하게 강물로 흘러가다가 시나브로 돌꽃으로 피어나는 무등산 꼬막재 가는 길은 돌들의 천국 돌멩이들의 잔치가 한창인 돌꽃들만의 세상에서 날마다 사는 일이 돌덩이에 짓눌리는 일, 날마다 웃는 일이 돌꽃들에게 영혼을 내어 주는 일, 새해, 첫 날, 신새벽에 너무 무거워 돌꽃 한 송이 가슴에 품을 수 없어도 오며 가며 돌멩이 시원하게 걷어차는 일쯤이야, 산 속 양지바른 곳에 돌멩이 무더기무더기 모여 사는 일, 사는 일에 지치지도 않고, 돌꽃들 펑펑 피워내는 일, 돌들 사람처럼 아름답다고 돌꽃들 사람처럼 가슴 아리는 사랑이라고

작품론

실존적 체험과 삶과 사랑에 대한 사유
- 허갑순의 시세계

허 형 만
(시인, 목포대학교 명예교수)

1.

 허갑순 시인의 여덟 번째 신작 시집 『새벽이 환하게 오고 있다』는 등단 30년을 맞이하는 시인이 거주하고 있는 '광주'라는 지역, 이 지역에서 벌어진 1980년 5월의 민주화운동을 온몸으로 체험하고 겪은 시대 인식과 삶 속에서 체득된 사유와 감각의 기록이다. 허갑순 시인은 1995년에 등단하여 그동안 『꿇어 앉히고 싶은 남자』『나를 묶어주세요』『강물이 흐를수록 잠은 깊어지고』『상처도 사랑이다』『나무들』『나무들 2』『그저 꽃잎으로 번져나갔다』 등 일곱 권의 시집을 출간했다.

 허갑순 시인의 시세계는 시집을 출간할 때마다 시를 보는 관점에 따라 몇 가지 특색을 보여주고 있다. 먼저 전원범 시인은 시집『꿇어 앉히고 싶은 남자』에서 "첫째, 주관적 대상을 수용하는 태도에서 거의 주관적 변용으로 재구성하고 있다는 점, 둘째, 외형적 배행排行이나 구성에서 의식적으로 전통기법을 파괴하고 있는 점, 셋째, 직접적 진술을 토대로 한 산문적 특질을 내보이는 점" 등 세 가지 관점으로 정리했다.

이충이 시인은 두 번째 시집 『나를 묶어주세요』에서 "대상의 선택이 치밀하고, 시선의 낮은 위치, 호흡을 짧게 끌고 가는 묘사력, 날카로운 치열함, 따스함과 부드러움이 있다. 특히 남다른 생명력의 시법이 있다."고, 평했으며, 이향아 시인은 『강물이 흐를수록 잠은 깊어지고』에서 "허갑순은 시의 소재로 꽃과 나무와 삶의 풍경들을 즐겨 선택하였으며, 이들을 객관적 거리, 역설, 애매모호성과 허무의 시각으로 접근하였다. 그리고 상처와 절망과 외로움으로 포용하였다."고 보았다.

백수인 시인은 『상처도 사랑이다』에서 "허갑순의 시는 존재들의 결합이라는 측면에서 매우 참신하다. 어떤 경우에는 존재와 존재들의 돌연한 결합으로 인해 예상을 벗어난 충격을 주기도 한다. 허갑순의 상상력은 늘 두 개의 상반된 공간을 설정하고 그 공간과 공간에서 존재하는 것들의 소통과 단절에 주목한다."고 평했다.

김종 시인은 『나무들 2』에서 "사물의 성찰에 대한 원초적 감각 혹은 내면에 갈무리된 자기만의 언어적 농법農法을 비결祕訣처럼 제시하면서 그는 숨 가쁘게 자기의 세계를 달리고 있다. 드러난 것들의 삽상함과 숨겨진 것들에 대한 무한한 호기심, 이것들이 우리가 허갑순에게서 만날 수 있는 언어적 충격이거나 다발로 묶어놓은 천변만화한

서정의 모습들이다."라고, 평했다.

끝으로 전형철 시인은 『그저 꽃잎으로 번져나갔다』에서 "'운명'에의 '울음'을 '지혜'롭게 지탱하는 자의 겸허한 안내서이자 고백록이다. 북유럽 신화의 그것처럼 이 모든 것은 자기 스스로를 신의 위치로 정위定位시키지 않는 데 수많은 가능태可能態를 예비한다. '눈물-아픔-무관심', '심심-한심-기막힘'(「시인의 말」)의 삼각형은 '상생相生, 常生'으로 수렴된다. 때문에 시인에게 꽃과 나무는 시인의 나라와 세계수世界樹의 돌올한 인자로 묘파된다."고 평했다.

2.
위에서 우리는 허갑순 시인의 시세계에 대해 시인들이 어떻게 보고 있는가를 요약 정리하여 살펴보았다. 이제 일곱 번째 시집 이후 4년 만에 내놓은 여덟 번째 신작 시집 『새벽이 환하게 오고 있다』에서는 어떠한 시세계를 보여주고 있을까? 우선, 시인의 집중적인 관심은 광주민주화운동이다. 1980년 5월 항쟁을 기억하는 광주 시민에게는 5월이 주는 이미지가 남다르다. 해마다 5월이 오면 도청 앞 분수대와 금남로 일대를 비롯한 여러 지역에서 군인들의 총칼과 탱크에 맞서 민주주의와 자유를 위한 처절한 투쟁을 잊지 못한다.

잊지 못할 그해 광주에서 온몸으로 겪은 허갑순 시인은 이제 이 5월을 말한다. '민주주의'와 '자유'를 말한다.

물론 여섯 번째 시집 『나무들 2』의 〈시인의 말〉에서 "자유, 간절한 그리움"이라고 말한 바 있다. 특이하게도 시집 출간도 매번 5월에 출간함으로써 5월이 갖는 함의를 간직해왔다. 시인에게 5월은 사라져버린 것이 아니라는 의미다.

> 어느 날 갑자기 그대들이 사라진 후
> 길모퉁이에 있는 빈집에는
> 뿌옇게 바랜 고무신이 댓돌 위에
> 놓여 있는 것 말고는 그가 안에 있다는
> 흔적을 찾을 수 없다.
> 강산이 네 번 바뀌는 동안 지붕도 없고 대문도 없이
> 그렇게 견딘 세월이 텅 빈 거리 이곳저곳에서
> 깃발처럼 펄럭인다
>
> 그들이 사라진 후에
> 구 형무소 자리에서 유골이 발견되었다
> 1980년 5월의 기억들이 찔레꽃처럼 환하게
> 피어났지만 누구도 함부로 발설하지 못했다
> 봄여름가을겨울을 일찍 초상화로 그려놓고
> 그렇게 5·18은 44년 동안 이제나 저제나
> 용서해줄 날을 기다리고 있지만 그는
> 아직도 자기 기망에서 허덕이고 있다.
>
> 5월의 아들딸들아 보고 싶구나
> 피어나서 하얗게 하얗게 꽃 천지로 번쩍여라
> 그대들이 자유 민주 평화 통일로 가는 길이었다

그대들이 광주민주화운동의 기수였느니
아직도 인권이 유린되고 폭력이 넘쳐나는
거리거리에 아름다운 손 편지를 부쳐주렴
세계 방방곡곡에 그대들의 소식을 전해주렴
그대들은 세계기록문화 유산으로 거듭났느니

정치꾼들의 시녀가 되어서도 안 되고
사기꾼들의 들러리가 되어서도 안 되고
모사꾼들의 속임수가 되어서도 안 되고
위선자들의 말속임도 듣지 말고
비겁한 자들과 말을 섞지도 말고
편 가르는 자와 동석하지 말고
거짓말하는 자와 함께하지 말고
용서를 빌지 못하는 파렴치한은 더더욱

날마다 꽃세상인데 그대들이 눈앞에서 번쩍인다.
- 「그대들이 눈앞에서 번쩍인다」 전문

  계절의 여왕이라 불리는 5월은 "날마다 꽃세상인데" 시인은 1980년 5월 "어느 날 갑자기" 사라진 "그대들이 눈앞에서 번쩍"인다. "길옆에 있는 빈집"의 댓돌 위 고무신의 주인은 "흔적을 찾을 수" 없는 세월, "강산이 네 번" 바뀌었다. 사라진 그들은 어디로 갔을까? 마침내 일부이지만 "구 형무소 자리에서 유골이 발견"되자 "1980년 5월의 기억들이 찔레꽃처럼 환하게" 피어났지만, 누구도 차마 "함부로 발설하지" 못했다. 그날의 학살자가 광주시민과 온 국민 앞에 진실을 밝히고 "용서해줄 날을" 기다렸지만, 끝내 실토하지 않고 "자기 기망에서 허덕"이다가 사망했다.

시인은 그해 "5월의 아들딸들"이 "하얗게 하얗게 꽃 천지로 번쩍"이길 간절히 염원한다. 5월 영령들이 "광주민주화운동의 기수"로서 "자유 민주 평화 통일로 가는 길"이었음을 상기시킨 시인은 "아직도 인권이 유린되고 폭력이 넘쳐나는" 이 시대를 향해 외친다. 이들이 더 이상 "정치꾼들의 시녀"가 되지 않기를, "사기꾼들의 들러리"가 되지 않기를, "모사꾼들의 속임수"가 되어서도 안 된다고 외친다. 아직도 광주는 "위선자들" "비겁한 자들" "편 가르는 자" "거짓말하는 자" "용서를 빌지 못하는 파렴치한"으로 하여 5월 그날의 진실이 가려지고 있음을 시인은 한탄한다.

특히 전두환을 비롯한 계엄군이 지구라는 행성에서 광주 전남(1980년 당시에는 광주가 전라남도 광주시였으므로 시인은 이 시에서 광주 전남으로 호명하고 있다)을 선택한 이유가 궁금한 시인은 5월 그날 "도청 앞, 분수대, 상무관, 전일빌딩, 남동성당, YWCA, 회화나무가 서 있던 그 자리에 계엄군, 공수부대, 헬리콥터 그리고 피 흘리는 민주시민군들 주먹밥과 영혼을 흔드는 처절한 절규의 방송"(「그는 산발적으로 문자를 날린다」) 등 당시의 긴박하고 처절했던 상황을 증언한다.

로마인 이야기 8권을 읽다가
위기와 극복을 번갈아가며
역사의 톱니바퀴를 건져 올렸다
44년 전 광주에서도 광주인의 이야기가
들풀처럼 번져나갔고 광주에서는 민주화라는
꽃봉오리를 5월 18일날 헌화하였다
아직도 못다 핀 광주는 그 이전에도 그 이후에도
습관처럼 자유를 봉헌하였고 총칼로 무자비하게
난도질당한 어두운 역사의 페이지는 다시 생면부지의
꽃봉오리가 되려 한다
역사는 다시 기억 속에서 역사를 만들고
자유는 그 이름만큼이나 오만의 역사 속에서
피를 부르고 혁명의 이야기를 기억하고 있다
광주인의 생명을 무자비하게 난도질하던 그날
끈끈한 주먹밥을 나누고 피 묻은 광주인의 사랑을 나누면서
애써 끌어안았던 것은 생명을 담보로 한 민주주의였다
장맛비가 거칠게 지나간 뒤 5·18 민주화운동에서 곰삭은
장맛 같은 특유한 향내가 난다
기억 속에서 기억 속으로 광주인의 이야기도 그런 곰삭은 피 냄새가 난다
팍스 로마나, 아우구스투스의 평화가 유효한 것은 자유의 길은 광주에서
광주인의 이야기에서부터 시작되었기 때문이다
한때 모든 길은 로마로 통한다는 속설도 로마의 시대가 끝나자 전설처럼
무디어져 갔다

어느새 광주인의 이야기가 가을 햇살처럼 투명해졌다
     그 해말간 가을 햇살은 44년 전 광주의 5·18민주화운동
을 아직도 부둥켜안고
     오직 자유와 민주주의를 꿈꾸는 꽃봉오리들은 또다시
거칠게 봉헌된 채로
     로마인 이야기 제9권 현제(賢弟)의 세기를 꺼내들었다
                              - 「광주인의 이야기」 전문

 허갑순 시인은 "위기와 극복을 번갈아가며/ 역사의 톱니바퀴를 건져 올린" 『로마인 이야기』 8권을 읽다가 "44년 전 광주에서도 광주인의 이야기가/ 들불처럼 번져 나갔"음을 새로이 쓴다. 『로마인 이야기』는 고대 로마의 역사를 소재로 한 시오노 나나미의 장편 에세이다. 전 15권 중 시인이 읽은 8권은 '위기와 극복' 편으로 네로 황제가 죽은 뒤부터 트라야누스가 등장할 때까지 약 30년간의 이야기다. 이처럼 허갑순 시인도 "5·18 민주화운동"의 그날, 계엄군이 "광주인의 생명을 무자비하게 난도질하던 그날", "끈끈한 주먹밥을 나누고 광주인의 피 묻은 사랑을 나누면서/ 애써 끌어안았던" "생명을 담보로 한 민주주의"의 현장, '광주인의 이야기'를 기록한다.

 에리히 프롬에 의하면 존재 양식에 있어서 기억은 이전에 보았거나 들은 어떤 것을 소생시키는 것을 의미한다. 시인의 광주 5·18 민주화운동의 기억은 시인 스스로의 시적 체험에 의한 존재 양식이다. 그러기에 시인에게는 "기억 속에서 기억 속으로" "곰삭은 피 냄새"로 재창

조된다. 1세기 말에 아우구스투스가 내란을 수습하고 제정을 수립한 때부터 200년간 지속된 평화로운 로마 팍스 로마나의 황금시대 기초를 마련한 아우구스투스의 평화가 유효하듯이 대한민국의 민주화와 자유의 길은 "광주인의 이야기에서부터 시작되었기"에 그것 또한 영원히 유효하다. 따라서 "자유와 민주주의를 꿈꾸는 꽃봉오리들", 미래 세대에게 '광주인의 이야기'는 영원히 전해질 것이다.

3.
허갑순 시인에게 광주의 5월을 기억해야 하는 역사인식 외에도 자신의 삶에 대한 성찰과 명상 또한 중요한 시 세계를 이루고 있다.

> 그 많은 꽃들은
> 그 많은 새들은
> 그 사랑스럽던 시간들은
>
> 살아 팽팽하게 활개 치던 골목길
> 지워도 지워도 다시 되살아나던
> 천 개의 천만 개의 슬픔들
>
> 어디쯤에서 나를 기다리고 있을
> 꽃등불 켜고 울 엄니 마중 나올
> 그리움은 미리내로 흘러가고

    어디로 가야할까
    고향이 너무 멀어
    꺼억꺼억 목이 메는

    어디로 갔을까
    나는 호롱불을 켜고
    두 눈을 감는다

                       - 「어디로 갔을까」 전문

  기억은 사람과 사건, 경험에 대한 일종의 관찰 일지이다. 허갑순 시인은 자신의 삶 속에서 점철된 기억들, 즉 "그 많은 꽃들" "그 많은 새들", "그 사랑스럽던 시간들"을 소환한다. 그러나 지금 이 많은 기억의 존재들은 보이지 않는다. "어디로 갔을까/ 나는 호롱불을 켜고/ 두 눈을 감는다". 어디로 갔는지 보이지 않는 그 기억을 찾기 위해 호롱불을 켠다. 당연히 두 눈을 부릅뜨고 찾아야 하는데 오히려 두 눈을 감는 행위의 역설은 현실에는 존재하지 않기에 영혼의 눈으로 찾아 나서고자 하는 의지일 터이다.

  현실적으로 "나무 주름만큼 커져가는/ 삶의 주름"(「나이테」)이나 얼마 전까지 자리하고 있던 3단지 주공아파트가 아침에 눈을 뜨니 "지난밤에 흔적이 지워진"(「태양의 문신」) 현상, 그리고 "낮은 골짜기에서 엎드려 숨을 고르더니/ 개망초꽃 흐드러지게 핀 언덕까지 쫓아와/ 단숨에 나를 덮쳐버린"(「커피를 입에 물고」) 적막까지 시인에게는 삶에서 체득되는 존재들이다. 그러나 "살아 팽팽하게 활개 치던 골목길", "천 개의 천만 개의 슬픔들", "어디쯤에서 나를 기다리고 있을 울엄니", 이 모두는 시인이 영혼의 눈으로 찾고자 하는 정신적 소통의 존재들이다.

  커다란 눈알 하나가
  동공이 벌어진 채
  땅속에 박혀 있다
  겁에 질린 듯
  제 한 몸 뉘일 쓸쓸한 공간을
  제 몸속에 박아 놓았다
  단단한 끈 하나로 묶어 놓았던
  눈알 하나가
  움직일 때마다 빗방울이 튄다
  살아있을 때 그는
  커다란 그릇이었다
  때로는 하늘을 담기도 했던
  속 깊은 항아리였던 적도 있었다
  삶들이 형체도 없이 흐물어진다
  너와 나도 형체도 없이 흘러내릴 날이
  죽어가는 눈동자 속에 찌를 꼽고
  내가 끈질기게 낚고 싶었던 것은
  무엇이었을까
  푸른 눈알 하나 그것은 탐스러운
  욕망이었을까
  욕망의 호수가 부글부글 끓어오른다

살아 있어서 나는 너를 낚고 싶다.

-「호수」전문

　장영란 교수는 『영혼의 역사』에서 "그리스의 시인들은 인간이 볼 수도 알 수도 없는 것들을 노래한다고 여겨졌다. 그들이 예언자들처럼 눈이 보이지 않는 자들로 묘사되는 이유는 초월적인 것에 대한 직관적 능력과 관련 있다"라고 서술한다. 허갑순 시인의 직관적 능력은 호수를 "커다란 눈알 하나"로, "커다란 그릇", "속 깊은 항아리"로 치환시키면서 보통 인간으로서는 볼 수도 없는, 알 수도 없는, 호수라는 "탐스러운 욕망"으로 들끓는 "푸른 눈알 하나"에 집중한다. 시인은 호수라는 모티프를 기억과 체험 속에서 개인적인 것과 보편적인 것으로 얽어 짜고 있다.

　언뜻 모호해 보이지만 "나는 너를 낚고 싶다"는 "욕망의 호수"는 곧 "부글부글 끓어오르는" 시인의 심적 상태와 다르지 않으며, 부조리한 현실 속에서 기억과 추억으로 인한 긴장과 두려움의 고해성사이다.

　이는 「스무 살 적에」에서 연탄가스로 ○○대학교 병원 시체실에 누워있던 언니를 떠올린다든가 "꿈을 질질 흘리면서 꿈에도 열아홉 살을 질질 흘리면서/ 스무 살 적에 나는 열아홉 살에 갇혀 내내 앓았"음을 고백하는 것에서도 잘 드러난다. 「금줄 은줄」에서는 딸 넷인 집에 그토록 바라던 아들이 태어난 줄 알고 새끼줄에 숯과 고추를 매달며 기뻐하시던 아버지가 딸이란 말에 충격받고 집을 나간 후 기어이 아들을 얻은 가정사 또한 시인의 삶 속에서 지울 수 없는 회상의 테마이다.

4.

허갑순 시인은 이번 시집에서 「담양가潭陽歌」를 비롯한 담양에 대한 시적 이미지를 집중적으로 보여주고 있다. 담양은 죽향竹鄕, 의향義鄕, 그리고 가사문학의 산실로 잘 알려진 곳이다. 우선 「담양가潭陽歌」에는 담양의 명소들이 모두 등장한다.

휴식과 치유의 장소로 유명한 대나무 숲 죽녹원, 한국의 아름다운 길 100선에서 최우수상을 받은 약 2.6km의 메타세쿼이아 길, 조선시대 방어용 숲으로 조성된 약 6km의 관방제림과 국수거리, 서하당 김성원이 스승이며 장인인 석천 임억령을 위해 지은 정자 식영정과 정철의 송강정, 송순 면앙정의 누각들, 한국 최고 민간 정원의 원형을 간직한 소쇄원, 용추산에 있는 영산강 발원지로 알려진 가마골 용소, 붉은 배롱나무꽃이 화사한 조선시대 후기 양반 가옥과 정원을 복원한 명옥헌 원림 등이다.

    빗소리가
    댓잎을 때린다
    천둥도 질펀하게
    댓잎에 안긴다
    빗소리가 스쳐 간 자리에서
    한참을 머뭇거렸다

푸른 구슬들이 똬리를
　　틀 때마다 작은 목소리들이
　　속삭인다
　　담양을 품으세요
　　조선시대의 담양을 들이세요
　　오래된 미래는 언제나 당신 편이에요
　　천년 담양은 지금이에요
　　지금, 담양으로 오세요
　　빗소리가 요란해도 담양은 이렇게
　　사랑스러워요
　　천둥이 번개가 스르르 댓잎에 닿기만 해도
　　사탕처럼 달콤하게 녹아버려요
　　마음이 가난해서 슬픈 사람들 담양을
　　가만히 품어보세요
　　맑은 눈물 한 방울 대숲에 심어보세요
　　저리도 담양은 늘 푸른 희망이래요
　　　　　　　-「지금 담양으로 오세요」전문

　자고로 담양은 대나무로 유명한 곳이다. 죽녹원이 아닐지라도 소쇄원 들어가는 길을 비롯해서 고을마다 대나무가 청청하다. "빗소리가/ 댓잎을" 때리고 "천둥도 질펀하게/ 댓잎에" 안기는 날, 시인은 빗소리가 스쳐 간 자리에서 "한참을 머뭇"거린다. 그만큼 감흥에 젖은 것이다. 그러면서 댓잎에 "똬리"를 튼 "푸른 구슬들"의 목소리, 곧 댓잎에 맺힌 빗방울들이 "담양을 품으세요" "조선시대의 담양을 들이세요" "지금, 담양으로 오세요"라고, 작은 목소리로 속삭이는 소리를 듣는다. 특히 "마음이 가난해서 슬픈 사람들 담양을/ 가만히 품어보세요/ 맑은 눈물 한 방울 대숲에 심어보세요"라고, 투사의 기법으로 빗방울과 시인과의 동일화를 추구함으로써 시인이 곧 독자들에게 담양으로 오길 권유한다.

이어 「담양을 들이다」도 위의 시처럼 "빗소리가/ 댓잎을" 때리는 시각과 장소가 동일하다. 하지만 사유의 깊이가 한층 더 깊어지면서 우주적 상징성으로 승화한다. 우선 댓잎에 똬리를 튼 빗방울, 즉 "푸른 구슬들"이 "휘파람을 분다". "휘파람 소리를 따라/ 천년 담양이 걸음마를 한다". 휘파람을 부는 푸른 구슬(빗방울)과 걸음마를 하는 천년 담양과는 "끝과 시작이 하나로 우로부로스의 비밀"이 담겨 있다고 시인은 말한다. 우로부로스는 끊임없이 소멸과 탄생을 거듭하며 이어지는 이 우주를 상징하는 도형으로 고대 이집트인들의 상상 속의 세계도世界圖이다. 시인은 말한다. 이 우로부로스처럼 "우주의 둥근 턱을 쓰다듬으며/ 이윽고/ 내 속에 담양을 들"인다고. 시적 기법상 단순한 동화의 상태가 아니라 그 이상을 뛰어넘는 우주적 상징성을 내포하고 있다.

> 날마다 하늘에 기도를 드렸어요
> 뾰쪽한 교회 탑들도 세웠드랬어요
> 사람들이 지나가다 나를 올려다볼 때마다
> 불가능은 가능으로 솟구쳤지요

불가능이 없는 길
작은 마음들이 탑을 쌓고 그 위에 꿈을 올리고
주렁주렁 햇빛도 걸어놓고 빗방울도 올려놓았더랬어요
언제나 희고 푸른 날개들이 맴맴맴 맴을 돌았지요

가을이면 아이들의 불그스레한 웃음소리가
사방팔방으로 뻗어나가 씨줄 날줄로 출렁이고
겨울이면 하얀 실타래들이 하염없이 걱정 근심을
엮어내면 가로수 길은 담양의 새 역사를 만들고

손을 뻗으면 하늘이 손가락 끝에 매달려선
물구나무 서 기도하고 저녁기도처럼 포근하게
안겨서는 의미 있는 시간으로 흘러가는
불가능이 가능으로 새롭게 열리는

영원히 잊지 못하는 추억의 빛으로 다시
담양이 분주해지고 술렁거리는 담빛으로
메타세쿼이아 가로수 길 담양에 가면
메타세쿼이아 가로수 길을 꼬옥 걸어보세요
　　　　　　　　　　　－「메타세쿼이아 가로수 길」전문

　담양의 메타세쿼이아 가로수 길은 가로수로 형성된 숲길이다. 원래 24번 국도였는데 이 국도 옆으로 새로운 국도가 뚫리면서 1972년 이 국도에 메타세쿼이아를 식재하여 오늘날 이국적이고 환상적인 길이 조성되었다.
　메타세쿼이아는 평균 20m 높이로 성장하면서 "뾰쪽한

교회 탑"처럼 솟아 "날마다 하늘에 기도"드린 성자의 모습으로 시인은 의인화한다. 이것은 곧 불가능을 가능으로 솟구친 결과였음을 지나가다 올려다보는 사람들에게 무언으로 알려준 셈이다. 한마디로 불가능은 없다는 메시지인 셈이다. 그래서 메타세쿼이아는 이 길을 "불가능이 없는 길"이라고 명명한다.

이 길은 봄에서 여름이면 푸른 녹음으로 터널을 이루고, 가을이면 놀러 온 "아이들의 불그스레한 웃음소리"로 출렁이고, 겨울이면 "하얀 실타래들이 하염없이 걱정 근심을 엮어"낸다. 시인은 말한다. 이 길이 "담양의 새 역사를 만들고", "불가능이 가능으로 새롭게" 열린다고. 그리하여 "영원히 잊지 못하는 추억의 빛으로 다시/ 담양이 분주해"진다고. 그러니 "담양에 가면", 이 길을 "꼬옥 걸어보"시라고 권한다.

그리고, 이 길 바로 옆에는 담양 메타 프로방스라는 관광단지가 조성되어 있다. 시「메타 프로방스 담양」에 의하면 이곳은 "옛 프로방스 알프 코트 다쥐르"를 그대로 재현시켜 놓은 듯한 "프로방스보다 더 애틋한" 곳이다. 이곳에는 "커플 펜션, 가족 펜션, 유럽풍 골목길, 카페단지, 아웃렛 단지, 곤충박물관"이 있다. 시인은 지금 이곳 옷가게에 들어가 주인과 "함께 어우러져 향긋한 대나무 잎 차"를 마시는 여유를 보여주고 있다.

그 외에도 송순의 면앙정 정자에 올라 "송순 선생의 탁월한 시심이/ 이곳에 머문 지 오래되었지만/ 어디 한 귀퉁이에 숨어있을 선생의/ 체취"(「꿈에서도 면앙정에 간다」)를 그리워하고, 송덕봉(1521~1578) 생가에서 '미암일기'의 저자 유희춘의 부인으로 시문에 뛰어났으며 을사사화와 양재역 벽서 사건에 연루되어 함경도 종성으로 유배 간 "남편의 유배 뒷바라지"와 조선시대 "유교의 굴레"(「송덕봉 생가」)에서 양성평등에 앞장선 송덕봉이 "당차고 대범하고 부끄러움이 없는 푸른 하늘"이었음을 칭송한다.

5.
마지막으로 허갑순 시인의 시적 특성은 생명 정신과 사랑에 대한 천착을 들 수 있다. 이 두 가지의 특성은 물론 지금까지의 시집 속에서 꾸준히 발표해 왔다. 그러나 이번 시집에서는 시인의 투명한 존재 의식이 함께 녹아들어 있다는 점에서 새롭다.

> 너를 만진다
> 바닥을 치고 올라오는 것들을 비로소
> 무릎을 꿇고 만난다
> 온통 세상이 내 발밑에서 요동친다
> 키를 낮추지 않으면 영영 만나지 못할 인연들을
> 너의 존재와 나의 삶 틈새에 끼인 위태로운 바람들이
> 뭉개고 지나간다
> 대지의 숨소리가 살며시 나의 얼굴을 스친다
> 검불더미 속에서 배시시 웃는 작은 미소가 예쁘다

무릎을 꿇은 채 너를 더듬어 본다
어디쯤 어떤 곳에서 출발했는지 손끝이 시리다
고통 없이 너를 만질 수만 있다면 눈이 아프다
종잡을 수 없는 너의 행선지 움직임이 없어도
우주의 비밀쯤이야 한가득 부려놓을 줄 아는
엎드려 너를 맞는 아침 불쑥 나타나서 내 어깨를
회전근개가 투두둑 끊어져 나간 것을 그때 알았다

그리고 다시 새싹이 돋아났다 무심코 그 앞을 지나간다
- 「새싹」 전문

여기서 "바닥을 치고 올라오는 것들"은 새싹이다. 흙은 생명의 원천이다. 겨울 지나고 봄이 되면 흙은 헐거워지고 땅속에서 얼었던 물기가 반짝이는 봄서리를 뚫고 새싹이 솟는다. 봄은 쇄신, 부활, 소생의 시절이다. "온통 세상이 발밑에서 요동"치며 생의 희열이 솟구친다. 이 순간을 놓치기 아까운 시인은 "무릎을 꿇고 만난다". 무릎을 꿇는다는 것은 새 생명이 탄생하는 감격이면서, 동시에 그 새싹 앞에 보이는 겸손의 자세이다.

"무릎을 꿇은 채" 새싹을 만지고 더듬어 보는 시인의 마음은 "키를 낮추지 않으면 영영 만나지 못할 인연" 때문이다. 모든 우주의 생명들을 대하는 시인의 자세는 이래야 한다. "너의 존재와 나의 삶"을 뭉개고 지나가는 "위태로운 바람들", 즉 어떠한 외부의 간섭에도 굴하지 않는 마음과 자세는 오직 겸손뿐임을 시인은 잘 인식하고 있다.

이 새싹의 이미지로 「산수유」에서 "솜털 보송보송한 얼굴들이/ 허공에다 노오란 문자를" 날리는 산수유의 눈뜸으로 새봄을 노래하고, 「봄눈」에서는 "봄눈이 터오는 길을 간다/ 봄눈이 트이면서 길눈은 한층 밝아졌"음에 대해 환호한다. 그리고, 그 환호가 「이유 없이」에서 "푸르기만 하던 새봄이 이유 없이/ 야위어"가는데, 그 이유는 "사랑을 비수처럼" 품었기 때문임을 고백한다.

>쓸쓸하여라
>니 영혼을 뺏어서 무엇 하겠니
>마음으로 탑을 쌓은들
>사랑
>오래전에 눈물이 되었더라
>
>쓸쓸하여라
>내 영혼 너한테 닿으면 뭐 하겠니
>수태고지 속에 고이 묻힌
>사랑은
>지금도 눈부셔 바로 볼 수 없는데
>
>쓸쓸하여라
>두둥실 한 천만 년 뒹굴고 나면
>오래 닳고 닳아서
>사랑 그까짓 것
>나는 결코 너를 기억할 수 없어

─「쓸쓸하여라」 전문

　허갑순 시인은 이 시에서 사랑은 "오래전에 눈물이" 되었고, "지금도 눈부셔 바로 볼 수" 없다고 내적 경험에 의한 허무와 고독의 심리를 말하고 있다. 오쇼 라즈니쉬는 살아가면서 가장 힘든 일은 사랑을 받아들이는 것이라고 말한다. 사랑은 수평적 사랑과 수직적 사랑, 두 차원 중 하나 속에 존재할 수 있는데 수평적 사랑은 시간의 차원에 속하고 수직적 사랑은 영원의 차원에 속해 있다는 것이다.

　이 시에 등장하는 "너"는 곧 "사랑"이다. 사랑하기 위해서는 진정한 용기가 필요하다는 오쇼 라즈니쉬의 충고를 받아들인다면 "니 영혼을 뺏어서 무엇 하겠니", "내 영혼 너한테 닿으면 뭐 하겠니", "사랑 그까짓 것/ 나는 결코 너를 기억할 수 없어"라는 자탄은 지금은 그렇지만 언젠가는 사랑의 영혼을 뺏을 것이며, 사랑의 영혼에 닿을 것이며 결국 사랑을 기억할 거라는 역설적 기법이다.

　이와 같은 기법은 허갑순 시인의 특징이다. "사랑한다면서 너를 사랑한다면서/ 허기에 지친 거짓말들이 하얗게/ 피고 피고 피고/ 장미꽃들이 여기저기 거짓말들로/ 화들짝 피어"(「내가 너에게 장미꽃을 부친다」)나는 것이나, 소통의 상징인 문을 통해서 "아직 나는 사랑한다는 말을 하지 못했다/ 연애는 저 혼자 시작되기도 전에 끝나버렸다"(「문」)는 심리적 상태가 그렇다. 시인은 고백한다. "오랜 친구여 나의 사랑이여"(「오랜 친구여」) "그리워지기 시작하면 아프다"(「그리워지기 시작하면 아프다」)라고. 독자여, 사랑이 그렇지 않은가?